# 죽이고
## 다시
## 태어나라

멍청이들 사이에서 살아남는 유일한 방법

# 죽이고
# 다시
# 태어나라

이민규 지음

채륜

### 여덟 살, 인상 깊은 날

"엄마."

"왜, 아들. 반찬이 맛이 없어? 많이 먹어야 키도 많이 크고 그럴 텐데. 응? 요즘 너 표정 안 좋더라. 무슨 일 있는 건 아니지? 연재랑은 잘 지내고 있고?"

"나 죽고 싶어."

"…… 뭐라고?"

5월 16일의 저녁 밥상머리에서 그 말을 하지 않았더라면, 그 여덟 살짜리 녀석은 평소 인터넷에 검색해 보던 죽음에 대한 의미와 죽음으로 가는 방법을 곱씹다 실천에 옮겼을지도 모른다.

그래서인지 그날은 녀석에게 인상 깊은 날이었다.

처음으로 용기를 내어 자신의 감정을 죄다 털어놓은 날이었으니까. 이유 모를 우울함과 괴로움과 죄책감과 답답함이라는 감정을, 처음으로 제 어머니에게 묘사한 날이었으니까.

다음 날, 녀석은 엄마 손에 이끌려 병원을 찾았다.

소아 우울증이었다.

그것도 극심한.

## 아홉 살, 가난을 깨닫다

경제적으로 어려웠기에 월세가 더 저렴한 지역으로 이사를 갔다.

동시에 학교도 옮겼다. 첫 번째 전학이었다.

초등학교 3학년이 된 이민규 어린이는 아무 표정 없는 얼굴로 새 친구들에게 인사했다.

여전히 가슴은 답답했다.

이 우울함은 때론 자격지심으로, 열등감으로, 분노로, 외로움으로 뻗어 나갔다. 그래서일까, 녀석은 참 많이도 싸웠다. 덩치가 큰 또래 남자애건, 사이가 안 좋던 여자애건, 키가 한 뼘은 더 큰 4학년짜리 선배건 가리지 않고 주먹다짐을 일삼았다.

그리고 1년 뒤.

더 저렴한 월셋집으로 이사를 갔다. 두 번째 전학이었다.

가난이란 게 이런 거구나, 그제야 깨달았다.

어머니는 주 7일, 하루 열두 시간을 일하셨고, 이민규 어린이는 그때부터 조금씩 철이 든 것도 같다.

## 열 살, 해결 방법을 찾아 나가다

어머니의 노고 덕분에 상황이 조금씩 나아졌다. 그래서 전보다 더 깨끗한 집으로 이사를 갔다. 세 번째 전학이었다.

덕분에 마음의 여유가 생기니 문득 그런 생각이 든다.

2004년 5월 16일의 어머니와의 저녁 식사 때, 용기를 내지 않았다면 어떻게 되었을까?

…… 상상하지 않는다. 과거는 과거일 뿐이고, 이제 막 열 살이 된 이민규는 행복하고 싶다.

불안정한 마음을 내던지고 싶다. 어린 시절의 그 해맑던 웃음을 되찾고 싶다.

그때부터였던 것 같다.

이 괴로운 내면을 어떻게 하면 밝게 물들일 수 있는지. 수차례 전학을 가면서 만나는 낯선 친구들을 어떻게 대해야 하는지. 낯선 환경에서 느끼는 스트레스를 어떻게 잘 관리할 수 있는지.

친구들과 싸우지 않으려면 어떻게 해야 하는지, 가난으로 고달픈 나날들을 어떻게 평온하게 보낼 수 있는지…… 나름대로 여러 요령들을 강구하고 고민해 갔다.

그것들을 차곡차곡 제 조그만 노트에 정리했다.


## 스무 살, 모든 시름을 털어 내다

이민규 어린이는 어느새 초등학교를 졸업하고, 중학교를 졸업

하고, 고등학교도 졸업해 대학에 들어갔다.

어엿한 스무 살의 이민규가 되었다.

오전 강의가 끝나고, 대학교 내에 마련된 푸른 가로수길을 동기들과 걸으며 홀로 생각에 잠겼다.

'어떻게든 해냈네.'

여러모로, 많은 걸 해냈다.

그간 살아왔던 20년간의 날들을 떠올리면, 오묘한 감정이 스쳐 지나간다.

우울증이란 형체 없는 악마에 시달리던 날이 자그마치 11년.

인생의 절반 이상을 그 지긋지긋한 병마와 싸워 왔고, 결국 이겨 낸 자신이 대견하기도 했으며⋯⋯.

만약 내가 우울증에 걸리지 않았다면 지금보다 더 나은 사람이 되었을까, 하는 잡념을 떠올리기도 했다.

하지만 결국 중요한 건 단 하나였다.

'나는 살아 있다. 이렇게 당당하게.'

이 맑은 봄 공기를 폐부로 온전히 들이마시고 내뱉으며, 생생히 살아 있었다.

건강히 펄떡이는 왼쪽 가슴의 심장을 느끼며, 고개를 끄덕였다. 옅은 미소가 입가에 그려졌다.

여덟 살의 그 우울했던 꼬맹이를 죽이고, 녀석은 다시 태어났다.

"뭔, 이민규, 왜 혼자 웃냐? 같이 웃자. 뭔 생각하는데?"

"…… 있어. 그냥."

이제는 너무도 평온했다. 만약 이 평온을 앗아 가려는 어떤 고통이 들이닥쳐도 스스로의 힘으로 이겨 낼 자신감도 있었다.

'열 살 때부터였지.'

다른 열 살 즈음의 아이들은 무슨 생각을 하고 살았는지 모르겠지만, 이민규 꼬맹이는 그때부터 지금까지 삶을 어떻게 살아야 행복할지에 대해서 괴로우리만치 많이 고민했다.

그 과정에서 많은 지식과 경험, 요령들을 습득하며 제 나름대로 차곡차곡 정리해 왔고, 실생활에 직접 써먹었다.

그래 왔기에 녀석은 그 우울한 꼬맹이에서 삶을 끝내지 않았고, 누구보다도 단단한 마음과 강한 멘탈을 자부하는 스무 살의 청년이 될 수 있었으리라.

…… 문득 그런 생각이 들었다.

'이 평온을 나만 누리기에는 너무 아깝다.'

그러니 언젠가 좋은 기회가 온다면…….

'나처럼 힘들던 사람조차도 지금까지 잘 살게 만들어 준 이 요령과 방법들을, 사람들과 나누고 싶다.'

## 2024년 2월

독자분들에게.

저는 행복과는 조금 거리가 있는 유년기를 보냈지만, 이 원고를 쓰고 있는 지금은 누구보다도 만족스러운 인생을 살고 있다고 자부합니다.

그리고 이 책에는 지금껏 겪어 온 많은 어려움 사이에서도 저를 살아 있게 해 준 비법과 요령들이 모두 담겨 있습니다.

단순히 저 혼자만의 주장을 담아 놓지 않았습니다. 저의 경험과 더불어 저명한 현인들의 격언, 수많은 심리학 서적과 뇌 과학에 기반한 일종의 '진리'만을 간추려 놓았으니 믿고 따르셔도 좋습니다. 이 진리들을 진심으로 받아들이고 실천하는 과정을 거친다면, 여러분은 실질적으로 변화할 수 있습니다.

우리는 다양한 사람들 사이에서 살아가고 있습니다. 그러나 우리는 알고 있습니다. 솔직히 말해 다양하다는 표현도, 살아간다는 표현도 너무 고급스럽다는 사실을요. 우리는, 수많은 '멍청이'들 사이에서 살아남기 위해 애쓰고 있습니다. 그리고 여기에, 그 멍청이들과는 다른. 더 나은 삶을 살기 위한 공략법이 가득 들어 있습니다.

인생을 살면서 마주치는 그 수많은 멍청이들과는 다른 인생을 살고 싶다면, 반드시 자신을 바꾸어야 합니다. 어리석었던 과거의 자신을 무참하게 죽여야 합니다. 다시 태어나야 합니다.

전달력을 높이기 위해 경어체를 생략한 점과 다소 강한 어투로 말하는 부분이 있습니다. 부디 불편하지 않으셨으면 하는 바람과 함께……

자, 이제 시작합니다.

# 차례

2부

# 마인드 셋

1부

# 인간관계

## '인간관계' 챕터에 들어가며

　인간은 사회적 동물이기에 타인과 이야기하지 않을 수 없고, 소통하지 않을 수 없다. 그렇기에 우리는 인간관계, 사회생활, 처세술에 대해서 어느 정도 능숙할수록 더 편하고 행복한 삶을 영위할 수 있다.

　그러나 이 '어느 정도 능숙한' 지점이 애매하다. 뭘 어떻게 얼마나 해야 어느 정도 능숙한 지점에 다다르는지 알기란 쉽지 않다. 별도의 인간관계 스킬이나 지식 없이 그냥 자연스러운 본인의 모습을 드러내도 인간관계에서 큰 고민이 없다면 그거야말로 최고의 경우겠지만, 대부분은 그렇지 못하다. 아무리 인간관계에 통달한 사람이라도 처음에는 관계에 대한 고민이 있었을 것이다. 이러한 고민을 해결하기 위해 사람들은 시행착오라는 과정을 거친다. 이런 말도 해 보고, 저런 말도 해 보고, 이런 말을 했을 때 불쾌해하는구나, 저런 말을 했을 때 기분 좋아하는구나, 근데 또 이 사람은 이렇지 않네, 등의 생각과 고민을 하고 경험으로써 축적된 데이터를 기반으로 점차 대인관계에 '어느 정도 능숙'해지는 것이다.

　다만, 이러한 시행착오는 줄이면 줄일수록 좋다. 경험이라는 건 무조건적으로 시간과 에너지를 사용해야 한다. 때로는 돈도 필요하다. 술자리나 모임, 회식 자리, 밥 먹을 때, 카페에 가서 수다를 떨 때 등등, 사람들을 만날 때는 반드시 어떠한 형태로든 자원의 투자가 이루어진다.

여기에, 시간도 에너지도 최소로 들고 앉을 수 있는 공간과 불빛만을 요하는 가장 효율적인 투자 방법이 있다. 바로 독서다. 이 책의 인간관계 챕터를 읽은 여러분은 최소한의 투자로 일정 수준 이상의 수확을 거둘 수 있다. 그저 글을 읽고 이해한 뒤, 그것을 삶에 적용하는 것만으로도 사람들 사이에서 지내다 보면 일어날 수밖에 없는 시행착오를 대폭 줄일 수 있다는 말이다. 정해진 원칙대로만 말하고 행동하면 불필요한 에너지 낭비 없이 좀 더 편안한 인간관계와 삶을 누릴 수 있을 것이라 확신한다.

# 8 일단 만나야
하는 이유

성공적인 인생을 살기 위한 가장 중요한 요소는 바로 '환경'
이다. 그 사람의 지능, 지혜, 유전자, 외모, 성격 등도 물론 중요
하지만, 그 모든 것은 결국 환경이라는 그릇 안에서 펼쳐진다.

천재 바이올리니스트에게는 바이올린과 바이올린을 연습할
수 있는 연습실이 주어져야만 보다 젊은 나이에 바이올린의 경
지에 이르는 법이고, 마이클 조던은 농구장과 농구공, 그리고 농
구 골대가 있었기에 현재까지도 레전드라 불리는 농구 스타가
될 수 있었다.

하지만 가장 중요한 요소는 따로 있다. 천재 바이올리니스트
와 마이클 조던을 움직인 것은 무엇이었을까? 그들은 정말로
태어날 때부터 바이올린과 농구에 대한 열정이 샘솟아서 그
분야에서 성공할 수 있었을까? 그렇지 않다. 그저 아무런 자

극과 도움도 없이 홀로 그렇게 뜨거운 의지와 의욕이 솟아오른 것이 아니다. 마이클 조던에게는 그의 스포츠 능력을 마음껏 펼칠 수 있게 뒷마당에 농구 골대를 설치해 준 부모님이 있었고, 처음으로 농구 수업을 등록한 열두 살 당시, 그와 라이벌 관계로 있었던 형제 래리가 있었으며, 그와 함께 농구를 하며 땀을 흘린 친구이자 자극제가 된 리로이가 있었다. 그리고 또 한 영혼의 파트너, 피펜이 있었다.

결국, 가장 중요한 요소는 바로 환경, 그중에서도 '인적 환경'이다. 주위 사람이라는 환경을 잘 선택해야, 성공적인 인생을 살 수 있으며, 행복한 인생을 살 확률이 높아진다. 만약 마이클 조던이 마약이나 일삼는 친구나 부모님, 혹은 형제를 만나고 친하게 지냈다면 어떻게 되었을까? 그에게 최고급 농구공, 농구 골대, 농구 코트가 있다고 하더라도 그는 우리 기억 속에 있는 그 마이클 조던이 아닐 것이다. 사람은 골라서 만나야 하고, 필요하다면 상대방의 가치를 판단하고 가늠하여 거를 줄 알아야 한다.

하지만 그러려면 전제 조건이 있다. 바로, 여러 사람을 만나 얕은 관계를 맺고, 누가 좋은 사람이고 나쁜 사람인지 배우는 경험이 있어야 한다는 것이다. 우리는 성공으로부터 배우기도 하지만, 실패로부터 더 큰 깨달음을 얻는다. 이것은 이로운 것보다 해로운 것의 힘이 더 크기 때문에 일어나는 현상이다. 요리를 하다가 칼에 베여 상처가 나는 데에는 1초도 걸리지 않지만, 그 상처가 아물고, 새살로 자리 잡는 데까지는 훨씬 더 많은 시간이 필요하다. 그러고 나면 요리를 할 때 '다시 칼에 베이지 말아야지. 조심해야지.' 하는 생각이 자리 잡혀 있기 때문에 다시 칼에 베일 확률이 급격히 감소한다. 경험으로부터 배운 것이다.

이처럼 얕지만 우리를 가르칠 수 있는 실패를 해 봐야 비로소 성공할 수 있다. 인간관계에서도 마찬가지다. 만족스럽지 못한 인간관계를 맺어 봐야 만족스러운 인간관계가 무엇인지 알 수 있고, 나의 인생에 도움이 되는 사람을 알아볼 안목이 생기는 것이다.

결국, 실패를 해 보고, 많은 경험을 해 봐야 한다는 상투적인 결론으로 마무리된다. 그러나 여기서 중요한 점은, 그 실패와 경험에서 최대한 빨리 많은 것을 배우고 빠지는 게 가장 좋다. 굳이 불필요한 실패를 거듭하면서 체력과 심력을 낭비할 필요는 없는 것이다. 안목을 기르고, 빅 데이터를 쌓아 일정 순간부터는 사람을 골라 만나며 실패를 최소화하는 것이 성공적인 삶을 위한 묘안이 될 것이다.

# 8 친절함이 전혀 중요하지 않은 이유

　흔히들 말하는 "모두와 잘 지낼 필요가 없다."는 말은 곧, 모두와 잘 지낼 방법은 존재하지 않으니 그러지 말라는 말과 같다. 왜 그럴 수 없을까. 내가 사람들에게 친절하게 대한다면 사람들은 날 좋아해 주지 않을까? 내가 대우받고 싶은 대로 대우하면 상대방도 나를 대우해 주지 않을까? 사람들이 내 바람대로 움직여 준다면 참 좋겠지만, 대부분의 경우 그렇지 않다. 많은 이들이 사람들과 잘 지내고 싶어서, 사람들에게 사랑받고 싶어서 '친절함'을 미덕으로 삼고 살아간다.

　주위를 둘러보면 친절함을 온몸에 무장하여 기분이 좋든 나쁘든 제 할 말을 과감하게 하지 못하고 솔직한 감정조차 표현하지 못하는 사람들이 굉장히 많다. 내가 이걸 하고 싶으면 하고 싶다, 이걸 하기 싫으면 하기 싫다, 기분이 나쁘면 불쾌하다, 라고 즉시 표현할 줄 아는 사람은 드물다. 정말로 그렇다.

여기서 스스로에게 한 가지 질문해 보자. 당신의 친절은 '강함에서 나오는 아량'인가, 아니면 '약함에서 나오는 저자세'인가? 만약 전자라면 다행이지만, 사람들과의 의견 충돌이나 갈등이 꺼려져서 할 말을 속으로 삼키는 후자의 유형이라면 앞으로의 인생에 억울한 일이 참으로 많을 것이다. 아량과 저자세는 분명히 다르다. 마음의 여유가 있어 베푸는 친절은 아량이고, 밉보이면 나에게 손해가 될까 싶은 마음으로 행하는 친절은 저자세다.

또 다른 친절의 유형에는 '황금률'을 기대한 친절이 있다. 내가 친절하게 대해 주면 상대방도 나에게 친절하게 대해 주겠지, 라는 생각으로 앞세운 친절함은 전혀 효과를 발휘하지 못한다. 만약 당신이 백번 친절하다가 한 번이라도 표정을 일그러뜨리면 상대방은 "얘 봐라. 변했네?"라며 당신을 곧장 고치려 들 것이다. 친절을 기본으로 삼되, 상대방의 무례를 정확히 집어 말할 수 있어야 한다.

친절과 비슷한 맥락으로, '배려'한다는 건 좋은 덕목이지만 늘 옳지는 않다. 사람들을 만나다 보면 무언가를 선택해야 하는 때가 있다. 예를 들어 당신이 연인과 점심을 먹으러 갔는데, 메뉴를 선택해야 한다. 짬뽕, 짜장면, 탕수육, 새우볶음밥……여러 가지 메뉴 중 두 개를 시켜 함께 나눠 먹을 생각이다. 여기서 많은 이들이 "우리 뭐 시킬까?"라는 질문에 "너 먹고 싶은 걸로 시키자!" 혹은 "난 아무거나 상관없어! 너 좋아하는 게 내가 좋아하는 거야."라며 상대방을 배려한답시고 선택권을 넘긴다. 이는 겉으로 볼 때는 배려심 있고 쿨해 보일지 몰라도, 정작 그 말을 듣는 상대방은 전혀 그렇게 생각하지 않는다. 짬뽕을 먹고 싶으면 짬뽕을 먹고 싶다, 짜장면이 먹고 싶으면 짜장면이 먹고 싶다, 분명히 주관을 드러내야 상대방도 "그럼 나는 볶음밥 먹고 싶으니까 같이 나눠 먹자!"라고 기분 좋게 말할 수 있다. 그런데 이 선택을 상대방에게 넘겨 버리면 부담감이 생길뿐더러 생각해야 할 게 한 가지에서 두 가지가 되어 은근히 피곤하다. 이런 어리석은 배려는 주로 연애 경험이 적은 남자들이 많이 행하는 실수 중 하나다. 그냥 먹고 싶은 게 있으면 그걸 먹고 싶다고 말하면 된다. 상대방이 싫어하지 않을까…… 하며 걱정할 필요 없다.

앞서 말한 것처럼, 모두와 잘 지낼 필요가 없다는 말은 너무도 흔히 쓰이는 만큼 당연한 말이다. 하지만 여기에서 더 나아가, 당신은 반드시 누군가와 부딪힐 것이고, 부딪혀야 한다. 그래야만 의견이 충돌하고 생각을 나누는 과정에서 성장하고 자신을 지킬 수 있다. 스스로를 깎아 내고, 개성을 줄이고, 사회성과 배려라는 말로 포장된 지나친 친절함을 베푼다면 오히려 인간관계를 슬기롭게 유지할 수 없다. 나의 말과 행동이 누군가에겐 거슬릴 수 있다. 그럼에도 과감하게 행해야 한다. 그러면 어떤 사람의 미움을 사지만, 분명 어떤 사람의 호감도 산다.

사람들로 가득 찬 이 지구에서 당신이 저 멀리에 목표 지점을 찍어 놓았다면, 그곳으로 달려가는 과정에서 사람들과 부딪히는 것은 너무도 당연한 일이다. 당신의 친절함이 저자세가 아닌 아량으로 거듭나도록 노력한다면 어떤 사람을 만나도 즐거운 시간이 될 것이다.

# 8 절대로 친해져서는 안 될 사람들의 종류

앞선 주제에서 이야기했지만, 인적 환경은 너무도 중요하다. 내 주변의 환경이 어떤가에 따라서 내 사고의 범위가 결정되고 더 나아가 행동 양식까지 정해지게 된다. 나의 근처에, 내가 일하는 곳에, 아니면 내 친구의 범위에 어떤 사람들이 있는지가 바로 나의 미래를 결정짓는 것이다.

이번 주제에서는 어떤 사람을 내 옆에 두지 말아야 하는지 이야기하려 한다. 여기에는 세 가지 종류의 사람이 있다. 반드시 믿고 거르는 것이 삶을 윤택하게 만드는 데에 도움이 될 것이다.

## 1) 부정적인 말을 자주 하는 사람

사람이 자신을 표현하는 방법에는 여러 가지가 있다. 표정,

제스처, 패션, 냄새, 행동…… 그중에서도 가장 힘이 세고 무제한으로 사용할 수 있는 방법은 바로 '말'이다. 누군가가 테이프로 입을 싸매서 막지 않는 이상 말은 누구나, 언제, 어디서든, 어떻게든 뱉을 수 있다. 그야말로 무한한 에너지인 셈이다. 이 사실은 누구나가 아는 점이다. 그렇다면 긍정적인 말과 부정적인 말, 둘 중에 누가 더 힘이 셀까? 바로 부정적인 말이다.

나는 할 수 있어. 나는 매력적이야. 나는 나를 믿어. 라는 말을 열 번 하는 것을 상쇄하는 말은 단 한 마디, "나 못하겠어." 라는 말이다. 실제로 해 보시라. 무언가를 도전해야 하는 상황이 왔을 때, "나는 할 수 있어!"와 "아…… 못할 것 같은데……."를 내뱉어 보라. 둘 중 어떤 말을 할 때 내 머릿속에서 더 큰 변화가 생기는지 관찰하면, 분명 후자일 것이다. 그만큼 부정적인 말은 힘이 세다. 긍정적인 말들로 나의 멘탈의 탑을 굳건히 세우는 과정은 길고 험난하지만, 부정적인 말들로 그 탑을 부수는 과정은 너무도 쉽다. 실제로 건물도 그렇지 않은가. 짓는 데에는 몇 년이 걸리지만, 부수는 데에는 며칠이면 된다. 그렇다면 부정적인 말에는 구체적으로 뭐가 있을까?

"짜증 나네……. 아, 힘들어……. 진짜 너무 열 받아. 미치겠다. 너무 피곤해."

"아니, 이거 못 하겠는데……? 차라리 그냥 죽고 싶다. ×발."

위 부정적인 말들을 한 번씩만 소리 내어 말해 보라. 얼마나 불쾌해지고 몸에서 힘이 빠지는지 느껴질 것이다.

그런데 이 부정적인 말들의 특징이 한 가지 더 있다. 바로 전염성이 강하다는 점이다. 모든 말에는 전염성이 있는데, 그중 부정적인 말이 가장 전염성이 세다. 특히나 욕은 그 정도가 심하다. 일이 풀리지 않을 때마다 "×발, 난 왜 이렇게 ×신 같은 거야? 왜 나만 이러는 거냐고?"라고 해 보시라. 당신의 인생은 영원히 풀리지 않을 것이다.

그런데 이렇게 부정적인 말을 습관적으로 하는 사람이 가까이에 여럿 있다고 생각해 보라. 극단적인 예로 그런 사람이 나의 동거인이자 가족이라면 그보다도 운이 나쁜 경우는 없을 것이다. 잘된 일이 있어도 "운이 좋았네, 평소에는 개같이 안 풀리더니."라고 하고, 생각대로 안 되는 일이 있을 때는 여과 없이 욕설을 중얼거린다면 옆에 있기만 해도 불쾌해지고 비관적인 생각이 절로 들게 된다. 이러한 종류의 사람들은 반드시 거리를 둬야 한다.

## 2) 가르치려 드는 사람

실제로 대학생 시절 필자의 주위에 있던 사람이다. 그는 처음에는 굉장히 현명한 사람으로 보였다. 아니, 실제로도 현명한 구석이 많았다. 고민을 말하면 잘 들어 주고, 해결책을 내놓는 데에 능숙했다. 관계의 초반에는 그런 점이 굉장히 매력적으로 느껴졌기에 그와 꽤 친한 친구 사이가 되었다.

하지만 서로 스스럼이 없어질수록 본색을 드러내기 시작했다. 필자가 어떤 문제에 대해서 의견을 물어보면, 어느 순간부터 이러한 말투를 구사하기 시작했다.

"그거는 그렇게 하면 안 돼."
"네 생각이 전부가 아니잖아."
"결국 네 책임도 있는 거니까 네가 배워 가는 점이 있어야지."

쉽게 말해 '가르치려' 들었다. 필자는 분명 그저 의견을 물어본 것임에도 불구하고, 언제부턴가 위에서 아래로 내려다보며 스승의 위치를 자처해 요청하지 않은 가르침을 주려 했다. 여기까지는 그럴 수 있다고 치자. 원래 그런 말투를 쓰는 사람이 있을 수도 있는 거니까.

하지만 이 친구를 걸러야겠다고 생각한 결정적인 이유가 있었다. 그건 바로 이 친구가 필자는 물론 타인들로부터 '우월감'을 느끼고 있다는 걸 알아챈 순간이었다. 그가 습관처럼 하던 말이 있었다.

"나는 너보다 더……."
"내가 쟤보다 더……."
"나는 그것보다 훨씬 더……."

비교를 하는 것이었다. 가만히 말을 들어 보면, 자신이 타인보다 더 낫고 위에 있다는 가정을 아래에 깔아 두고 대화를 하고 있었다. 이러한 사람과 이야기를 하고 나면 기분이 아주 나빠진다. 왜냐하면 그는 상대방과 본인을 비교하며 상대적인 가치를 평가하면서, 심지어 상대방을 낮은 가치로 규명하고 이를 들으라는 듯 은근히 티 내기 때문이다.

남을 깎아내림으로써 자신의 위치를 높여 보이며 교묘하게 우월감을 느끼는 것이다. 실제로 이러한 사람과 대화를 깊게 하다 보면 나의 자존감이 다치는 일이 종종 일어난다. 인간관계를 수평선에 두지 않고, 수직선에 두는 사람. 이러한 사람과의 관계는 득될 것이 전혀 없다.

### 3) 자기 기분이 태도가 되는 사람

주변 사람을 아주 피곤하게 만드는 유형의 사람이다. 특히나 이런 사람이 회사 내 동료나, 상사의 자리에 있다면 그것만큼 불행한 일이 없다.

가령 전날 당신은 연인과 다툼이 있었다. 그렇다면 그때의 안 좋은 기분이 다음 날까지 남아 있는 건 그럴 수 있는 일이다. 본래 기분이란 건 확 달아올라 쉽게 꺼지지 않고 유지되기도 하고, 어떨 때는 자신도 모르게 가라앉기도 하니까. 하지만 자신의 그 기분을 남에게까지 티를 내며 퍼뜨릴 필요는 없다. 특히 그게 부정적인 기분이라면 더더욱 말이다. 자기가 산 주식이 오늘 하한가를 쳤다고, 혹은 오는 길에 접촉사고가 나서 수리비를 물게 생겼다고, 혹은 방금 본인의 상사에게 지적을 듣고 왔다고 해서 자신의 주변 사람에게까지 '나 오늘 기분 안 좋아.'라는 티를 내며 분위기를 불편하게 할 수 있는 권리는 없다는 말이다. 본인이 기분이 안 좋은 건 본인이 안 좋은 거지, 주변 사람들까지 안 좋아야 하는 이유는 없다.

특히나 평일 내내 하루 아홉 시간을 불가피하게 봐야 하는 회사 내에서 이러한 사람이 종종 보인다. 본인이 그러고 있지는 않은지 성찰을 해 볼 필요가 있는 부분이다. 이러한 습관은 주변 사람이 다 떨어져 나가게 하는 주범이다. 여기서 주의해야 하는 건, 자신의 기분이 좋다고 해서 긍정적인 기분은 마음껏 표출해도 돼! 라고 생각하며 주변에 들뜬 기분을 떠들고 다니는 것도 사람을 얻는 데에 좋은 습관은 아니라는 점이다.

태도. 즉, 어떤 일이나 상황 따위에 대해 취하는 입장은 그 일의 경중, 주변의 분위기, 당시에 상황에 맞게 조절해야 하는 것이지, 내가 기분이 좋으면 깔깔거리며 웃고, 내가 기분이 나쁘면 삿대질을 해도 되는 것이 아니다. 자기 기분을 태도로 삼는 사람은 무조건 만남을 최소로 해야 한다. 그 사람은 오로지 자신만을 고려할 뿐, 당신의 감정을 평온하게 유지하는 데에 아무런 도움이 되지 않으며, 당신의 기분을 존중하지도 않을 것이다.

# 8 친해지면 내 인생을 완전히 바꾸는 사람들의 종류

앞선 주제에서는 반드시 걸러야 하는 사람들에 관해 이야기했다. 그렇다면 반대로 내 곁에 두면 인생에 큰 도움이 되는 사람도 있다.

다만, 사람이란 원래 한 번에 꿰뚫어 보기 힘들기에 조금씩은 관계를 맺으면서 겪어 보아야 한다는 점을 염두에 두고, 아래 세 가지 특징을 가진 사람이라면 조금 더 친해져도 좋다는 점을 알아 두면 도움이 될 것이다.

## 1) 호르몬이 충분히 나오는 사람

이게 무슨 헛소리인가 싶겠지만, 이는 정말로 크게 고려되어야 하는 사항이다. 호르몬은 내분비샘에서 분비되는 화학물질이며, 각종 생리현상과 행동을 조절하는 역할이다. 즉, 우리의 몸은 호르몬으로 움직인다는 말이다.

호르몬의 종류에는 여러 가지가 있다. 많은 사람들이 알고 있는 호르몬으로는 도파민, 에피네프린, 노르에피네프린, 세로토닌 등이 있다. 각자의 호르몬이 하는 역할은 익히 알고 있을 것이고, 이를 통틀어 말하자면 감정과 행동, 대사를 조절한다고 정리할 수 있다. 그렇다면 이 호르몬들이 충분히 분비되는 사람은 다시 말해 어떤 사람을 말하는 것일까? 바로 삶을 의욕적이고 주체적으로 사는 사람을 말한다.

우리는 사람이다. 식물처럼 가만히 있으면서 양분을 수동적으로 공급받아야 살 수 있는 존재가 아니다. 사람은 스스로 움직여서 밥을 찾아 먹고, 수면시간을 알아서 정하여 내일을 대비해야 하며, 발전적인 일을 찾아 행하면서 만족감을 느끼고 성취를 이루는 존재다. 그러니 위에 열거한 행동들을 행하려면, 충분히 의욕적이어야 하고, 자신의 삶을 통제할 줄 알아야 한다.

일각에서 누누이 언급되듯, 사람은 호르몬의 노예다. 노예라는 단어가 거슬릴지언정 필자는 그 말에 전적으로 동의한다. 대부분의 사람은 자신이 이성적이라고 생각하지만, 이는 완벽히 오만한 생각이며 실제로는 철저히 감정적인 선택을 반복하는 존재이다. 그리고 감정은 호르몬에 의해 결정되고, 결론적으로 우리는 호르몬에 의해 움직이는 동물이다.

호르몬이 충분히 나오는 사람임을 어떻게 구별하느냐 물어

본다면 간단하다. 신체적으로 건강하고, 자신의 삶에 열정과 확신이 있는 뉘앙스의 말을 자주 하고, 외적인 생기와 아름다움이 있는 사람은 대부분 호르몬 분비가 좋다. 의욕적인 사람들, 그들을 옆에 둔다면 당신의 삶은 조금 더 풍부해질 것이다.

마지막으로, 이 주제에서 가장 중요한 점은 자신 스스로가 먼저 호르몬이 충분히 나오는 사람이 되려 노력해야 한다는 것이다. 24시간, 잠 잘 때나 움직일 때나 우리와 늘 붙어 있는 친구는 바로 우리 자신이니까 말이다.

그렇다면 호르몬을 충분히 나오게 하려면 어떻게 해야 할까? 필자가 이 주제의 소제목을 "삶에 의욕적이고 주체적인 사람을 가까이 두어라."라는 뻔한 문장이 아니라, '호르몬'이라는 생화학 단어를 구태여 골라 쓴 것은 단순히 있어 보이려는 의도가 아니다.

뇌 과학에 관심이 있는 독자분들은 잘 알고 있겠지만, 올바른 생활 습관과 호흡법, 운동, 수면, 식습관을 지킨다면 생기 넘치는 삶을 위해 필요한 여러 호르몬들을 충분히 분비해 낼 수 있다. 필자는 많은 자기계발서에서 두루뭉술하게 말하는 "삶에 열정을 가져라." 혹은 "포기하지 않는 태도가 중요하다." 등의 주장에 실질적인 도움을 받지 못했다.

하지만 뇌 과학을 이해하고, 호르몬이 얼마나 중요한 동력원인지 이해한 뒤에는 내가 뭘 먹어야 하고, 무슨 활동을 해야 하고, 어떻게 자야 하는지 알고 나서는 삶의 질과 만족도 눈에 띄

게 나아졌다. 이에 관련한 매우 유용한 팁들은 마인드 셋 챕터에 충분히 언급되어 있으니 기대감을 가지고 쭉 읽어 보시길 바란다.

## 2) 처음에는 조금 데면데면한 사람

필자도 길다면 길고 짧다면 짧은 나이에 와서 느낀 점이 있고, 그 과정의 끝자락에서 두 번째 특징을 알게 되었다. 앞서 말한 것처럼, 우리는 '친절'이라는 것에 굉장히 익숙한 사회에 살고 있다. 카페에 가면 아르바이트생, 사장님이 친절하게 인사하면서 우리를 맞이하고, 회사에 출근하면 경비원분이 허리를 숙여 인사해 주신다. 비가 올 때 우산이 없다면 가까운 목적지까지는 지나가는 행인에게 예의 바르게 부탁을 하면 흔쾌히 들어줄 때도 많다. 이런 부탁을 안 해 봤다면 꼭 한번 해 보시라. 마음이 따듯해진다. 이러한 친절은 우리 사회에 온기를 더하고 마음이 포근해지는 중요한 요소라는 것을 필자도 알고 있다. 이외에도 이런 맥락의 '적절한 수준의 친절'은, 사회에 꼭 필요한 바이기도 하다.

하지만 상대방과 더욱 가까워지고, 친밀해질 때는 이 친절함이라는 태도를 주의해서 지켜봐야 한다. 결론부터 말하자면, 처음부터 나에게 약간이라도 과한 웃음과 호의를 가지고 나오는 사람은 그 태도를 유지할 확률이 매우 낮다. 왜 그런 걸까. 어째서 처음부터 친절한 사람은 시간이 지나면 변할 확률이 높을까?

필자가 겪은 예시를 들어 보겠다. 한 번은 어떤 친목 모임에 나갔다. 그곳에서 만난 어떠한 남성분이 방긋방긋 웃는 얼굴로 내게 말했다.

"안녕하세요! 와, 되게 잘생기셨다, 저는 ○○○이라고 해요. 이름이 뭐예요?"

그는 필자를 처음 만나자마자 외모 칭찬과 여러 붙임성 좋은 말을 연발하면서 아주 사교적으로 다가왔다. 그는 필자보다 몇 살 위의 형이었고, 대화를 하면 할수록 친절과 배려를 특히 중요시 여기는 사람인 것처럼 보였다. 그날 모인 다른 모임원들도 이 사람의 친절하고 자상한 면을 장점으로 꼽으며 칭찬했다.

그러나 후에, 몇 개월이 지나면서 그 남자의 진짜 모습이 드러나기 시작했다. 모임 시간에 상습적으로 늦고, 몇몇 여자 모임원에게 치근덕대다가 문제를 일으키고, 뒷담이 아닌 척하면서 은근히 남을 깎아내리기도 했다. 나중에는 몇몇 모임 사람에게 돈을 빌려 달라는 메시지를 몰래 보내기도 했다. 이 과정에서 크고 작은 문제를 더러 일으키다가 결국, 그는 모임에서 강제 퇴출되었다. '친절'이라는 가면을 쓰고 사람들을 속이려 들었기에 벌어진 결과였다.

이 하나의 사례만 가지고 모든 인간관계를 판단하는 것은 적절치 못할 수 있다. 하지만 이러한 사례가 굉장히 많다는 것을 미리 알고 있는 사람은 그렇지 못한 사람보다 사람에게서 상처를 받을 일이 현저히 줄어들 것이다.

'친절함'이라는 태도는 누구나가 쉽게 가질 수 있다. 다시 말해 진입장벽이 낮고, 그런 만큼 어떠한 나쁜 의도를 숨기고 일반적인 사람들과 쉽게 섞일 수 있게 해 준다. 사기를 치거나, 거짓말을 하거나, 남을 깎아내리거나, 자신의 이득을 위해 남을 이용하는 데에 가장 첫 번째의 단계로 그들은 친절을 베푼다. 이것은 오랜 세월동안 수차례 증명된 진리이다. 유괴범들은 어린아이를 꾀기 위해 모두 웃는 얼굴로 과자를 사 준다고 하며 다가가지 않던가? 우리는 굳이 다시 어린아이로 돌아가 세상의 쓴맛, 매운맛을 볼 이유가 없다. 행복하기에도 바쁜데, 굳이 더 데어 봐야 할 이유는 없다. 가만히 생각해 보면, 처음에는 낯을 좀 가리며 데면데면하다가, 나중에 서서히 자신을 드러내고 관심을 표하며 조심스럽게 다가오는 사람이 오히려 정말 진국이고 선한 사람인 경우가 많다. 그러니 첫 만남에 조금 낯을 가리며 데면데면한 사람이 있다면 눈여겨보고 천천히 친해져 보자. 인생의 둘도 없는 친구가 될 확률이 높다.

## 3) 매력 있는 사람

사람이 인생을 살아가는 데에 있어 가장 중요시 여겨야 하는 덕목이 있다. 그것은 바로 도덕심도, 예절도, 효심도 아닌 매력이다.

도덕심이 있는 사람. 당연히 하지 말아야 할 행동은 하지 않고, 남에게 피해 주지 않는 사람은 사회를 구성하는 데에 있어 가장 필요하고, 그러한 사람들은 많으면 많을수록 안전하고 믿을 수 있는 사회가 만들어진다.

예절을 잘 지키는 사람. 도덕심과 비슷한 맥락이지만, 약간의 결이 다르다. 처음 만나는 사람에게 정중히 인사하고, 결례되는 행동은 하지 않고, 친구와 이야기를 할 때는 핸드폰이나 딴짓을 하지 않고 그 사람에게 집중하는 사람. 그런 사람을 만난다고 하면 적어도 기분이 나빠질 일은 없다.

효심이 있는 사람. 우리는 부모님에게서 갚을 수 없으리만치 큰 빚을 졌고, 그걸 갚기 위해 애쓰고 최선을 다하는 사람은 누구에게나 존중받아 마땅하다. 그런 사람은 대체로 착하고 예의도 바른 사람일 확률이 높다.

하나 많은 사람들이 간과한 사실이 있다. 앞선 주제에서와 비슷한 맥락으로, 도덕심과 예절, 효심은 어찌 보면 너무나 당연한 인간으로서의 행동 양식으로 아주 엇나간 사람만 아니면 쉽게 갖출 수 있는 자질이다.

하지만 사람을 끌어당기는 힘인 매력은 혼자만의 힘으로는 갖추기 어렵고, 많은 시행착오를 거쳐야만 얻을 수 있는 능력이자 덕목이다.

어째서 매력이 중요한 요소일까? 우리는 살기 위해 무언가를 먹어야 한다. 그렇게 얻은 에너지로 누군가를 만나고, 소통하며 정서적인 안정을 얻거나, 업무적인 성취를 함께 이루어 삶의 가치를 높이고 생존에 필요한 자원을 얻는다. 간단히 정리하면, 우리는 어찌 되었건 '자원'을 얻어야 한다. 그 자원이 음식이 됐든, 정서적 안정이 됐든, 일거리가 되었든, 이성 친구가 되었든 그것들을 얻어 내야 한다는 말이다.

여기서, 자원을 얻는 방법에는 두 가지가 있다.

① 내가 직접 필요한 자원에게 다가가 가져오는 방법
② 필요한 자원이 나에게 제 스스로 다가오게끔 하는 방법

무엇이 윤택한 삶을 위해 더 효과적인 방법일까? 그렇다. 더 생각할 것도 없이, 두 번째 방법이 훨씬 더 효율적이고 현명한 방법이라고 할 수 있다. 자원이 스스로 나에게 다가온다는 것은 곧 자원이 나에게 관심을 보였다는 것이고, 나는 큰 힘을 들이지 않고 필요한 것을 얻을 수 있으니 말이다.

그 자원들이 내게 관심을 가지고, 더 나아가 내게 다가오게 하려면 필연적으로 나는 스스로 빛나거나 높은 가치를 내비쳐 그 자원을 유혹해야 한다. 이때 필요한 능력이 바로 매력인 것이다.

그러면 어떻게 필자가 두루뭉술하게 표현한 '매력'이란 걸 얻을 수 있을까? 뒤쪽에 이에 관련한 여러 내용이 나오겠지만, 가장 효율적인 수단을 먼저 말하자면 바로 매력적인 사람

을 옆에 두고 그 사람을 따라 하는 것이다. 물론 이 지구상에는 수많은 사람들이 각자 독창적인 매력과 고유한 특징을 가지고 있겠지만, 땅거죽이 뒤집히고 수백 년이 흘러도 언제나 통하는 공통적인 매력이 존재한다. 이런 점들은 힘들여 가면서 홀로 연구하고 고민할 게 아니라, 당신이 생각했을 때 주위에서 가장 매력적이라 생각되는 사람을 하나 붙잡고 따라 하면 된다. 어려운 길을 갈 필요 없다.

때문에 매력적인 사람을 옆에 두고 친하게 지내는 전략은 당신이 인생에 필요한 자원을 보다 쉽게 얻어 행복한 삶을 누릴 가장 좋은 방법이라 확신한다.

# 8 이해받길 바라는 게 어리석은 이유

세상에는 '내 편'이라고 여겨지는 사람들이 있다. 그들은 내가 하는 고민을 전부 다 이해해 주고 들어 줄 수 있을 것 같다. 가족, 절친, 연인. 하물며 정말 친하지는 않더라도 나의 고민과 약점을 알고 있는 적당히 가까운 사람도 여기에 포함될 수 있다. 필자가 말하는 '이해한다'의 정의는 기꺼이 이야기를 들어 주고 진심으로 공감한다는 의미이다. 그렇다면 그들은 정말로 '내 편'이고, 나의 모든 걸 이해해 줄까? 그러니 나는 이해받길 바라도 될까?

이러한 기대는 결국 실망감만을 안겨 줄 뿐이다. 특히, 부정적인 상태의 나를 이해해 줄 사람은 단 한 명도 없다. 슬픈 일이 있고, 고민이 있고, 화가 나고 짜증이 난 상태의 나를 진심으로 이해해 주는 사람은 절대로 없다는 말이다. 물론 한두 번 정도 이야기는 들어 줄 수 있다. 처음에는 당신의 하소연과 힘든 이야기를 들어 주며 고개를 끄덕이며 "그랬구나. 많이 힘들었겠구나."라고 반응해 줄 것이다. 공감해 주고, 경청해 주고, 당신을 위해 기꺼이 위로해 줄 것이다. 그러나 여기서 분명히 알아 두어야 하는 사실이 있다. 그들은 자신의 마음에서 우러나와 당신의 힘든 이야기를 듣고 싶어서 듣는 게 아니라, 당신이 말을 들어 달라며 부탁해 왔고, 도움의 손길을 원했기 때문에 '억지로' 들었을 확률이 높다는 점이다. 그들은 당신을 위해 일종의 희생을 한 셈이고, 호의를 베푼 것이며, 당신과의 관계를 유지하기 위해 시간과 에너지를 투자한 것이다.

그런데 어떤 이는 그 희생을 '아, 이 사람은 나의 고충을 이해하는구나!' 하고 착각하여 또 그 사람을 찾아간다. 다시 한번 말하면, 당신의 힘들었던 이야기를 듣고 싶어 하는 사람은 당신의 어머니와 아버지, 형제, 자매, 절친, 연인을 포함해 아무도 없다. 하소연을 늘어놓는 당신이야 일시적으로 속 시원할지 몰라도, 그걸 들어 주는 사람은 말 못 할 고역이다.

힘들다고 말하지 마라. 이는 이야기를 듣는 상대방에게도 부담이지만, 자기 자신에게도 결론적으로 좋지 못하다. 실제로는 힘들다는 말을 함으로써 기분이 더욱 가라앉고 스트레스가 증폭된다. 이러한 현상은 많은 사람들이 경험한 바 있을 터이다. 실제로 본인은 1만큼 힘들지만, 막상 타인에게 고충을 말할 때는 3~4만큼 힘들었다고 말하게 될 때가 종종 있다. 이는 그만큼 당신이 상대방에게서 위로받고 싶고, 당신의 어려움에 대해 큰 공감을 받고 싶은 마음에 무의식적으로 이야기를 과장하는 경우이다.

개인적인 힘듦에 대해 반복하여 이야기하면 상대방과의 관계는 필연적으로 멀어진다. 정상적인 사람이라면 누구든지 밝고 긍정적인 에너지를 품은 사람을 선호하게 되어 있으니 이는 당연한 결과다. 가끔 "난 너무 긍정적인 사람은 싫던데."라고 말하는 사람이 있다. 단정할 수는 없으나, 그런 사람은 보통 자신이 갖지 못한 밝은 기운에 대한 열등감과 자격지심이 있다. 자신의 눈앞에 있는 긍정적인 사람을 보면서 '나는 저렇지 못한데.'라는 열등감을 느끼고, 결국 '나는 너무 긍정적인 사람은 싫어.'라고 자기의 감정을 뒤틀어 해석하는 것이다. 여우와 신포도 이야기와 비슷한 맥락이다. 시간을 두고 가만히 지켜보면 그 사람도 결국 긍정적인 사람을 동경하고 있다.

물론, 당신이 힘들다고 말해도 어떤 토도 달지 않고 한 시간, 두 시간 내내 들어 줄 수 있는 사람이 있다. 바로 전문 심리 상담사이다. 그 사람의 역할은 당신의 이야기를 들어 주는 역할이고, 공감해 주며 어떨 때는 좋은 의견을 건네기도 한다. 그것이 그들의 업이고, 책임이다. 그렇기에 당신의 큰 고민이 있다면 그들에게 이야기하는 게 현명하다. 그게 아니라면 다이어리에 이러한 부정적 감정과 이야기를 직접 써서 감정을 가시화하고 객관화하는 것도 좋은 방법이다. 다시 한번 강조하자면,

한두 번 속내를 털어놓는 것은 정말로 괜찮다. 두세 번까지도 괜찮을 수 있다. 하지만 네 번째부터는 상대방이 당신과의 대화를 피하거나 마지못해 들어 주다 자리를 뜰 것이다. 앞서 말했듯, 말을 억지로 들어 주고 공감해 주는 일은 생각보다 굉장히 많은 에너지 소비이자 감정적 투자이기 때문이다.

힘들다는 말 대신, 문제를 근본적으로 해결하기 위해 노력하는 것이 결국 당신을 결론적인 행복에 이끌 것이다.

# 8. 모든 인간관계에 적용되는 절대 3원칙

## 1) 하나도 빠짐없이, 전부 다 똑같은 사람이다

누군가를 만났을 때, 묘한 열등감이 느껴지거나 괜히 기가 죽는 경우가 있다. 상대방이 무어라 안 좋은 말을 한 것도 아닌데도 말이다. 이런 감정을 가진 채로 대면하면 말과 행동이 부자연스러워지고, 위축되거나 반대로 과장스러운 뉘앙스를 보이게 된다. 이렇게 굴면 상대방이 누구건 간에 당신에게서 좋은 기운을 느낄 리도 만무하고, 당신과의 관계를 지속하고 싶지도 않을 것이다. 이런 감정이 드는 이유를 잘 살펴보면, 문제는 결국 타인이 아니라 자기 자신에게 있다.

이러한 불상사를 피하기 위해 가져야 할 마인드는 간단하다. 저 사람이나, 나 자신이나 다 똑같은 '인간'이라고 생각해야 한다. 다 '똑같은 인간'이 아니라, 다 똑같은 '인간'인 것이다. 일론 머스크든, 마크 저커버그든, 제프 베저스든, 마윈이든……
지구상에서 영향력 있는 인물이라 손꼽힌 누구든 간에 다 똑
같은 '인간'이다. 굳이 거기까지 갈 필요도 없이 당신 주변 사
람 중에서 정말 멋있다고 여겨지는 사람, 친해지기 어려울 정
도로 매력적인 사람, 너무 예쁘거나 잘생긴 사람, 하다못해 어
느 순간부터 나보다 잘 나가게 된 또래 친구까지도, 모두 다 똑
같은 사람이라고 생각해야 한다. 사람을 수직선이 아닌, 수평
선에 두어야만 관계를 오랫동안 건강하게 유지할 수 있다.

이건 정신적 자위가 아니라 명백한 사실이다. 모든 사람들은
10일 연속 굶으면 제발 먹을 걸 달라고 애원할 게 뻔한, 그저
똑같은 유기체 덩어리란 말이다. 이러한 마인드는 당신과 상대
방의 형체 없는 간극을 메우는 데 큰 도움이 된다. 또한, 혹여
나 당신의 삶이 별 볼 일 없다고 느껴지게 하지 않을 가장 빠르
고 효과적인 방법이다.

물론 지금 당장이야 상대방과 당신의 수준이 매우 달라 보
일 수 있다. 혹시, 저 사람은 태어날 때부터 특별하게 태어났고
나는 열등하고 별 볼 일 없게 태어나 지금 이 모습이라고 생각
이 드는가? 나는 저 사람이 가진 능력이 없고, 저 사람처럼 예
쁘고 잘생기지 못했고, 저 사람처럼 건강한 마인드를 가지지
못했다고 생각되는가? 나는 저 사람과 다르게 너무도 불행하
다 싶은가? 물론 노력의 유무, 성과의 차이, 타고난 가정 환경,
사람들의 평판이 실제로 다를 것이다. 그건 눈으로 직접 보이

는 요소이고, 다른 사람들 역시도 인정하며 심지어는 당신 자신도 수긍하는 부분일 테니까.

하지만 생각해 보자. 당신은 저 사람처럼 되지 못할 걸 이미 알고 있고 확신하기에 오늘 당장 목숨을 끊을 것인가? 그게 아니라면 지금 당장 마인드를 바꾸어야 한다. 다 똑같은 사람이 되, '나는 저 사람과 다른 삶을 사는 것일 뿐'이라고.

당신이 존경하고 우러러보는 사람이 가령 일론 머스크라고 해 보자. 일론 머스크는 세계적인 기업을 만들었고, 인류를 구할 희망이라고 불리며, 트위터 한 줄에 전 세계 암호화폐 시장을 휘청일 정도로 거대한 영향력을 가지고 있다. 그에 반해 당신은 평범한 회사원이고, 굶어 죽지 않을 정도의 월수입이 있으며, 외모도 딱히 특출나지 않았다. 그렇다면 당신의 삶은 가치가 없는 삶인가? 모두에게는 각자의 삶이 있고, 그 삶이 가지는 목표와 의미가 있다. 게임으로 예를 들면 캐릭터마다 퀘스트가 각각 따로 있는 것이다.

그렇다면 일론 머스크의 퀘스트는 뭘까? 그가 이 책의 원고에 직접 써 주지는 않았지만, 알려진 바에 따르면 여러 개의 퀘스트 중 하나는 '인류를 화성에 보내 새로운 미래를 만들자.'이다. 하면, 당신의 퀘스트는 무엇인가? 당신도 똑같이 '인류를 화성에 보내 미래를 만들자.'인가? 그렇다면 당신은 정말로 일론 머스크보다 열등한, 제2, 제3의 일론 머스크 워너비일 뿐이다.

하지만 당신의 퀘스트가 그와 다르다면 이야기가 달라진다. 당신의 퀘스트가 만약, '35세가 되기 전 내가 대표로 있는 회사를 세우고 월 5,000만 원의 수입을 내는 사업가이자 작가이자 강연가가 되는 것'이라면? 일론 머스크의 삶과 당신의 삶은 누가 더 열등하고 누가 더 우수한지 따질 여지가 없게 된다. 둘은 아예 다른 삶이다. A와 A'가 아닌, A와 B가 된다는 말이다.

혹자는 이렇게 말할 수 있다. "일론 머스크는 당신의 목표보다 훨씬 더 원대하고, 훨씬 더 근사하고, 훨씬 더 많은 영향력을 끼치지 않느냐. 그러므로 당신의 목표는 보잘것없는 것이고, 열등한 삶이다."라고 말이다. 아니, 틀렸다. 우리는 우리의 삶을 사는 것이지, 남의 평가에 따라 가치가 결정되지 않는다. 전 세계 모든 사람들이 "일론 머스크가 최고이고 너는 보잘것 없어!"라고 해도, 본인 스스로만큼은 "무슨 헛소리지."라고 할 줄 안다면 그것으로 충분히 가치 있는 인생을 살고 있는 것이다.

위와 같은 혹자의 질문이 나오는 까닭은 전부 '비교'를 함에서 온다. "타인과 비교하지 말고, 어제의 나와 비교하라."라는 말은 이미 너무도 잘 알려져 있고 정답인 말이기에 이 책에서는 거듭 이야기하지 않을 것이다. 하지만 이것 하나만큼은 이 책의 독자들이 따라 줬으면 한다.

"누구도 카피할 수 없는, 100% 오리지널인 나 자신의 삶을 살자."

일론 머스크도 자신의 목표가 있는 삶을 사는 것이고, 당신도 당신의 목표가 있는 삶을 사는 건 다 똑같다. 모두 똑같은 '사람'이다. 이 점을 잘 알고 인생을 살아 나간다면 타인과의 관계와 당신 스스로와의 관계에 있어서 훨씬 더 건강하고 행복한, 위대한 삶을 살 수 있을 것이다. 타인에게 보이기 위한 삶이 아닌, 나 자신을 위한 삶이니까 말이다.

## 2) 서운하다고 말해 봤자다

어떠한 관계에서든, 서운한 감정을 실토하면 반드시 손해다. 상대방이 연인이든, 가족이든, 친구든, 직장 동료이든 마찬가지이다. 그렇다면 일례로 '연인'과의 관계에서 왜 서운하다고 말하면 손해인지 이야기해 보자.

연애를 하다 보면 연인에게 서운할 일이 생긴다. 주로 나는 100만큼 사랑하는 것 같은데, 상대방은 80만큼 사랑하는 것 같은 느낌을 받을 때. 쉽게 말해 내가 더 사랑하는 것 같은 느낌일 때 그렇다.

예를 들면 남자는 메신저 프로필 사진에 두 사람이 함께 찍은 사진을 올려놓는데, 여자는 그냥 자기 사진만 걸어 놓는다거나. 사랑한다는 말을 여자는 평소에 먼저 많이 하는데, 남자는 꼭 그 말을 듣고 나서야 "나도 사랑해."라고 한다거나 하는 사소한 경우이다. 이렇게 보통 표현을 누가 더 많이 하느냐? 누가 서로의 관계에 더 신경 쓰고 있느냐? 에서 서운한 감정이 생기기 쉽다. 내가 '을'이고 상대방이 '갑'이 된 듯한 느낌을 받는다. 어떤 이들은 이러한 서운한 감정을 바로바로 이야기하라고 조언하기도 한다. 연인 간에 서운한 점은 쌓이기 전에 그때그때 풀어야 오해가 쌓이지 않는다는 그럴듯한 주장을 한다.

하지만 남자든 여자든 반드시 알아 두었으면 하는 건, 그렇게 서운한 점을 구체적으로 실토해 버리고 나면 그때부터 정말로 을의 연애를 하게 된다는 사실이다. 굳이 서운함을 말해야겠다면 직접적으로 대놓고 표현하기보다, 상대방이 알아서 느낄 수 있게끔 요령 있게 표현하는 게 더 현명하다. 표현 방식의 차이가 인간관계를 완전히 뒤바꾼다.

가령 위 예시처럼 사랑한다는 말을 A가 항상 더 먼저 하고, B는 그제야 "나도 사랑해."라고 하는 커플이 있다고 해 보자. 이때 어리숙하고 연애를 잘 못 하는 A와, 성숙하고 연애를 잘하는 A의 반응은 서로 다르다. 어리숙한 A라면 "왜 너는 먼저 사랑한다고 말을 안 해? 사랑한단 말을 항상 나만 먼저 하는 것 같아. 너도 먼저 해 줘."라고 B에게 직접적으로 말해 버릴 것이다. 이 말을 들은 B는 어떻게 생각할까? 이 커플이 서로를 사랑하는 감정의 크기가 크게 차이 나지 않는다고 가정했을 때, B는 이렇게 생각할 가능성이 높다.

'얘는 나를 많이 좋아하는구나. 앞으로 일부러라도 먼저 사랑한다고 해야겠네.'

이 정도가 통상적이고 일반적인 생각일 것이다. 여기까진 좋다. 연애란 원래 서로 노력하고 맞춰 나가는 것이니까. 다음 통화나 만날 때부터는 B가 사랑한다는 말을 먼저 해 주곤 할 것이다.

하지만 여기서 중요한 건, B가 스스로의 마음에서 우러나와 표현하는 게 아닌, 서운하다는 말을 들었기에 '의식적으로 해 주고 있다는 것'이다. 심지어 A도 자신이 서운하다는 말을 했기 때문에 B가 의식적으로 먼저 사랑한다고 해 주는 걸 알고 있다. 관계의 균형이 B에게 이미 기울어져 있다는 것을 서로가 공식적으로 인정한 셈이다.

이러한 대화를 한 이후, 연애를 하다가 A가 한 번이라도 B의 마음에 들지 않게 행동했다고 해 보자. 일례로 A가 친구를 만나고 온다고 하더니 연락이 네 시간 동안 안 됐다고 가정하면, B는 자연스레 이렇게 생각할 수밖에 없다. '나는 노력했는데 얘는 왜 노력을 안 하지?'와 같이 부채의식 비슷한 것이 생기기도 하고, 더 나아가 A에게 해 주던 "사랑해."라는 말의 빈도를 줄이거나 아예 안 해 버릴 수도 있다. 그러면 당연히 A도 B의 태도가 바뀌었다는 걸 느낄 것이다.

이때부터 파국이다. B는 자신이 노력한 것에 비해 돌아오는 것이 적다고 느껴 투자를 회수했고, A는 남자의 투자가 줄어든 것을 눈치챌 테니 다시 서운해하거나, B가 어느 부분에서 화가 났는지를 알고 싶을 것이다. 물론 눈치가 빠르다면 진작에 알고 있는 경우가 많지만, 어리숙한 A라면 B가 왜 서운한지에 대해서 다시 한번 캐물을 가능성도 높다. 트러블의 빌미가 생긴다는 말과 같다. 사람마다 아주 다양한 반응이 있을 테지만, 일반적이고 상식적인 선에서 예시를 들면 이렇다. 그렇다면 연애를 좀 해 보면서 성숙해진 A라면 어떻게 행동할까?

"서운하다." 혹은 "네가 이렇게 해 줬으면 좋겠다."라는 말을 직접적으로 하지 않는다. 여기서 한 발자국 더 나아간다면, A가 되려 먼저 사랑한다는 말의 빈도를 줄이거나 안 할 수도 있다. 그러면 자연스레 B가 그 점을 느낄 것이고, 그 점에 대해서 말을 꺼낼 수도 있고 안 꺼낼 수도 있다.

어떻게 표현하느냐가 가장 중요하다고 앞에서 이야기한 것처럼, 직접 입으로 말을 하는 게 아니라 다른 간접적인 방식으로 서운함을 세련되게 표현한다면 자연스레 상대방이 알아서 문제를 고칠 확률이 높다. 여기서 포인트는 상대방의 요구에 의해서 '해 주는' 게 아니라 '알아서' 고친다는 점이다.

결론적으로, 서운하다는 말을 직접 꺼내 봤자 을이 되기만 하고 얻는 건 별로 없다. 서운함을 실토함으로 일시적으로는 서로의 관계가 더 가까워지는 것처럼 보여도, 결국은 관계의 추가 기울어 갑과 을의 연애가 되기에 십상이다.

그리고 사실, 애초에 표현을 누가 더하느냐 같은 문제로 서운하다고 말을 하는 사람과의 연애는 어쩔 수 없이 피곤할 수밖에 없다. 또한 그 사람은 연애를 많이 안 해 봤을 확률도 높다.

이러한 팁은 꼭 연인과의 관계뿐이 아닌 친구, 가족 간의 관계에도 통하는 법칙이다. "내가 이런 점이 서운하니 이렇게 행동해 줘!"라는 건 떼를 쓰는 것과 비슷하다. 그러니 상대방이 마지못해 해 주는 것을 바라지 말고, 비언어적인 표현으로 알아서 고치도록 신호를 주고 방향을 제시해 주는 것이 포인트이다.

이처럼 어떠한 관계든 까딱 잘못하면 갑을 관계가 만들어지니, 이를 미연에 방지하고 균형을 맞추는 것이 중요하다.

그럼에도 상대방의 말이나 행동이 변하지 않는다면 그냥 그 사람에게 거는 기대와 감정적인 투자를 거두어들이면 된다. 만약 계속해서 당신을 크게 실망시킨다면 그냥 안 만나면 된다. 당신과의 관계를 개선할 의지가 있는 사람이라면 진즉에 신호를 알아채고 스스로 고쳤을 것이고, 그런 사람이 아니라면 굳이 그 사람을 계속 만날 필요가 없다.

### 3) 한 톨도 기대하지 않기

이번 경우도 구체적인 예시를 들어 보겠다.

'내 남자 친구는 나를 사랑한다면, 여사친을 밤늦게 만나면서 이렇게까지 나를 속상하게 만들지 않을 텐데……'

'엄마가 어떻게 나한테 그런 말을 할 수가 있지. 너무 실망스러워……'

'내가 부모고, 이 녀석은 내 자식이니 당연히 부모인 나에게 이 정도는 해 줘야 하는 거 아니야?'

남한테 바라는 바들이 무참히 깨졌을 때 실망했던 경험. 연인, 가족, 친구 사이에 관계를 유지하다 보면 이러한 생각이 한 번쯤은 든다.

하지만 '이 사람은 나한테 이래 줬으면 좋겠다.' 혹은 '이 사람은 설마 그렇게 행동하지 않겠지.' 등, 내가 임의로 만든 프레임 안에 상대방을 집어넣어서 그가 그 안에서만 행동했으면 하는 기대는 매우 어리석은 바람이다. 나의 말과 행동은 노력을 기울인다면 일정한 규칙 안에서 조절하고 선택할 수 있다. 그게 훌륭하든, 훌륭하지 않든 말이다.

하지만 타인은 어떠한가. 타인은 철저히 타인일 뿐이다. 이 명제는 비단 길거리에서 지나가는 모르는 사람에게만 해당하는 이야기가 아니다. 3년 사귄 연인, 평생 한 집 아래에서 살아온 가족, 십년지기 친구까지 모두 내가 아닌 '타인'이고, 내 멋대로 통제 가능한 존재들이 아니다. 그들은 그들 스스로가 하고 싶은 대로 움직이는 것이지, 내가 '뭘 해 줬으면 좋겠다.'라

고 간절히 바란다고 해서 그걸 당연히 해 줘야 하는 존재들이
아니란 말이다.

예시를 들어 보자. 당신에게는 3년 사귄 여자 친구가 있다. 3
년이라는 긴 기간을 사귀며 당신은 자발적으로 여자 사람 친
구를 한 명도 만나지 않고, 여자 친구와의 연락도 나의 일보다
우선순위로 두어 무조건 한 시간 안에 답하고, 데이트가 끝나
고 귀가할 때는 매번 집에 데려다주고 여러 가지 지극정성을
다한다. 그러다 보면 당신은 여자 친구에 대한 '기대'를 품을
수도 있다.

'내가 이렇게 잘해 주니까, 여자 친구도 나한테 이 정도는 해
주겠지.'

'내가 여사친 하나도 안 만나니까, 여자 친구도 남사친이랑
연락 다 끊었으면 좋겠다.'

'내가 답장을 빨리해 주니까 얘도 빨리해 주겠지.'

하지만 결과는 어떠한가? 이러한 바람이 하나둘 늘어날수록
당신은 더욱 실망하고 상처받을 것이다. 왜냐하면 상대방은 생
각보다 당신이 바라는 대로, 곧이곧대로 행동하지 않을 테니
까.

그녀는 당신과의 관계를 고려하되, 자신이 불편하지 않은 정
도로만 행동할 뿐이지, 남자 친구가 무언가를 원한다고 해서

당연히 자신의 편안함과 욕구를 기꺼이 희생해야 하는 존재가 아니다. 그렇기에 위와 같은 기대를 품은 당신은 100% 실망하게 되어 있다.

그렇다면 어떻게 하란 말인가? 3년 사귄 여자 친구가 당신이 싫어할 걸 뻔히 알면서도 남사친과 밤늦게까지 있는다? 네 시간, 다섯 시간이 지나도 카톡에 답이 없다? 나는 여자 친구를 집에 매일마다 데려다주는데 여자 친구는 그걸 당연하게 생각하는 것 같다? 앞선 주제의 연장선으로, 당신이 여자 친구에게 "나는 네가 이렇게 행동하니 참 서운하다."라는 마음을 표현할 수는 있다. 그러나 여자 친구가 그 즉시 당신이 원하는 대로 행동을 교정할 의무도, 책임도 없다는 말이다. 당신과의 관계가 더 중요하다면 그녀가 알아서 고칠 것이고, 그 정도까지는 아니라면 그냥 그녀 좋을 대로 하는 것이다.

그러니 바뀌지 않을 사람을 붙들고 "네가 어떻게 나한테 이래?"라며 대판 싸우고 난장판 만들지 말고, 그냥 그대로 헤어지고 다른 잘 맞는 사람을 만나는 게 당신의 미래에도, 정신건강에도 이롭다. 내가 이 사람을 위해 무언가를 했으니, 이 사람도 나를 위해 무언가를 해 줬으면 좋겠다는 생각을 아예 버리는 게 현명하다. 그저 당신은 당신 좋을 대로 하는 것이고, 여자 친구는 여자 친구 좋을 대로 하는 것이다. 남녀가 바뀌어도 똑같다. 이 마인드를 갖추지 못한다면 당신은 비단 연인관계뿐만이 아닌, 전반적인 인간관계에 걸쳐서 상처받고 실망을 하는 일이 잦아진다. 당신을 직접적으로 해치거나 욕을 하지 않는 이상, 상대방이 그냥 하고 싶은 대로 하게 두는 게 서로에게 이로운 방법이다. 그러고 나서 생각하면 된다.

'아 이 사람은 이런 면이 있구나. 그러면 나는 이 관계를 이어 나갈까? 말까?'

사람은 스스로 바뀔 수 있어도, 남이 바꿀 수는 없다.

# 8

## 상대방 기분 안 나쁘게 할 말 다 하는 세 가지 언어 스킬

미움은 누구나 받는다. 심지어 가족 간에도 미움은 주고받기 마련이고, 절친한 친구를 미워할 때도 온다. 다만 미움이라는 감정은 한순간 일어났다가 상대가 잘해 주면 다시 사그라지는 특징이 있다. 그렇기에 미움이란 건 받을 만하고, 넘길 줄 알아야 한다.

그런데 만약 미움이란 감정이 곪고, 심화하여 걷잡을 수 없게 되면 어떻게 될까? 더 이상 미움이 아닌 혐오가 되어 당신에게 무조건적인 불친절을 보인다면 그건 서로에게 이득이 되지 못한다.

미움을 넘어선 혐오, 그리고 적대관계를 만들어 내는 건 어떻게 봐도 성공적인 인생을 살기 위해서 좋은 전략이 아니다. 많은 사람들이 이 사실을 잘 알고 있기에 대화를 할 때 말을 주의해서 하고, 자신이 하는 말이 상대방의 심기를 굳이 건드리지 않게 신경 쓴다. 말만 예쁘게 하면 어쩌다 미움 정도는 받아도 혐오, 혹은 적을 만들 여지는 주지 않는다.

그렇다면 말을 어떻게 예쁘게 할까? 어떻게 해야 할 말은 제대로 표현하되 적을 만들지 않을 수 있을까? 여기에 간단하고도 효과적인 팁이 몇 가지 있다. 이는 앞서 말한 주제인 '친절함이란 미덕에 얽매여 할 말을 제대로 하지 못하는' 사람들에게 좋은 팁이기도 하다.

## 1) '뭐' '왜' '아니' 쓰지 않기

워딩Wording(단어 선택)만 주의하면 대부분의 불필요한 갈등이 사라진다. 특히 말을 끝까지 들어야 하는 한국말에서 워딩은 더욱 신경 써야 한다. 초장부터 단어를 잘못 써서 상대방이 적개심을 품게 만들면 뒤에 나오는 중요한 말들이 전부 들리지 않기 때문이다.

그중, 아주 빠르고 간단하게 적용할 수 있는 워딩 팁은 바로, '뭐' '왜' '아니'를 쓰지 않는 것이다. 그냥 이거면 된다. 워딩이라고 해서 꼭 고급스러운 어휘를 많이 알거나 생각을 많이 해야 하는 것이 아니다. 그냥 쓰지 말아야 하는 어휘만 잘 알고 쓰지 않으면 반은 먹고 들어간다.

어째서 '뭐' '왜' '아니'를 쓰지 말라는 걸까? 우선 첫 번째로, '뭐'를 쓴 문장 예시를 보자.

"뭐가 그렇게 마음에 안 드는데?"

상대방이 당신에게 위 문장을 그대로 생동감 있게 말한다고 생각해 보라. 당신과 당신의 연인이 백화점에서 옷을 고르고 있다. 연인이 이 옷, 저 옷을 한참동안 막 걸쳐 보고 입어 보고 하지만, "음…… 별로야." "음…… 이것도 별론데……."라며 별다른 이유도 말하지 않고 결정을 미루고 있다. 당신은 속이 답답하다. 내 눈에는 다 예뻐 보이는데 한 시간이고 두 시간이고 옷을 입었다 벗었다를 반복하고 있으니, 참다못한 당신이 위 문장을 내뱉은 것이다.

"뭐가 그렇게 마음에 안 드는데?"

이미 첫 단어부터 워딩이 잘못되었기에 둘의 분위기는 나락으로 떨어진다. 애초에 '뭐'라는 단어가 '짜증'이라는 감정을 내포하기에 그렇다. 굉장히 쉽게 뱉을 수 있는 단 한 글자이고, 주로 부정적인 문장에서 많이 쓰이며, 어조를 달리하더라도 단어가 가지는 뉘앙스가 크게 달라지지 않는다.

① 누가 내게 질문을 했는데 내가 잘 못 들었을 때: "뭐?"

→ 짜증스러운 느낌이 든다.

② 집에 오자마자 남동생이 술 먹고 계단에서 굴러서 병원에 입원했다는 소식을 들었을 때: "뭐!?"

→ 불쾌함과 동시에 놀라움의 느낌이 든다.

③ 학교 복도를 걷다가 어깨를 부딪히고 가길래 뒤돌아보니까 그 친구가 하는 말: "뭐."

→ 뭘 봐? 하는 듯, 공격적인 느낌이 든다.

이처럼 예시를 몇 가지만 생각해 보아도 '뭐'라는 단어는 웬만해서는 좋은 느낌이 들지 않는다. 그렇다면 우리는 '뭐'라는 단어 대신 어떤 단어를 선택해야 할까? 상황에 따라 '어떤 거' '어떤 부분이' '어떤 점이' 등으로 대체하거나, '뭐' 자체를 생략하면 쉽다. 문장의 초두에 대부분 등장하는 이 '뭐'를 없애면, 불쾌하거나 짜증스러운 감정이 문장 자체에 스며들 여지가 사라지고, 그 덕분에 뒤이어 따라오는 다른 공격적인 뉘앙스의 말 역시도 맥락상 맞지가 않기에 본능적으로 사용하지 않는 마법 같은 효과가 있다. 예시를 들어 보자.

① '뭐'를 '어떤 것'으로 대체하기
"뭐가 그렇게 마음에 안 드는데?" → "어떤 게 마음에 안 드는데?"
② '뭐'를 '어떤 부분'으로 대체하기
"뭐가 문제인데요?" → "어떤 부분이 문제인 거예요?"
③ '뭐'를 생략하고 해결책을 제시하기
"뭐라는 건지 안 들려." → "조금만 더 크게 얘기해 주라."

예시만 보아도 상당히 공격적이던 문장이 '뭐'를 뺀 덕분에 굉장히 부드러워짐을 알 수 있다. 상대방과 일부러 싸우거나 불쾌함을 드러내려는 의도가 아니라면, '뭐'라는 단어는 지양하는 게 좋다. 어떤 방식으로 말해도 이 단어를 포함하면 앞뒤 문장 전체가 부정적인 뉘앙스로 들리게끔 하는 신기한 효과가 있기 때문이다.

이어 두 번째로, '왜'를 쓴 문장에 대해서 알아보자.

"왜 그게 틀렸다는 말씀이시죠?"

굳이 말로 해 보지 않아도 가시가 돋쳐 있는 느낌이 든다. '왜'라는 말은 '뭐'보다도 더 공격성을 띠고 무성의하다는 느낌을 주는 단어다. '뭐'와 마찬가지로 '왜'를 쓰면 앞뒤 뉘앙스를 사근사근한 느낌으로 처리해도 문장에서 주는 불친절한 느낌은 지울 수 없다. 실제로 어떻게든 한번 바꿔 보면 이렇다.

"왜 그게 틀렸다는 말씀이실까요?"

"혹시 그게 왜 틀렸다는 말씀이신가요?"

"그게 왜 틀렸는지 여쭤봐도 될까요?"

그나마 공격적인 느낌을 덜기는 하나 여전히 공격적이고 가시 돋쳐 있는 느낌은 지우기 힘들다. 불필요한 갈등을 만들고 싶지 않다면, 이 역시 '왜'를 빼고 다른 단어를 쓰면 된다. '이유' '어떤 이유로' 등으로 대체해 보자.

"왜 그게 틀렸다는 말씀이시죠?"

→ "어떤 이유로 틀렸다는 말씀이실까요?"


앞에 '왜'를 '어떤 이유로'로 대체한다면, 뒤에 오는 "말씀이시죠?"라는 약간의 공격적인 뉘앙스마저도 맥락상 "말씀이실까요?"로 바꿀 여지가 생긴다. 그러면서도 뜻은 온전히 전달할 수 있다. 이어 다음 예시다.

"왜 물어보는 거야?"

문장을 보기만 해도 눈을 치켜뜨고 상대방을 노려보며 내뱉는 이미지가 그려진다. 이 문장은 어떻게 보면 '그딴 거 물어보지 좀 말지?'라고 느껴지기까지 한다. 본래 '왜'라는 단어는 진심으로 이유를 묻기 위해서 쓰이는 때보다, "하지 마라."라는 말을 질문의 형식을 빌려 표현되는 때가 많다. 그냥 "하지 마라."라는 말을 하고 싶다면, "그런 건 안 해 주셨으면 합니다."라고 표현하는 게 낫지, "왜 그렇게 해요?"라고 질문해 봐야 말싸움밖에 벌어지지 않는다. 이 점을 알지 못하고, '왜'를 'why'의 의미로만 이해하여 분별없이 사용하는 이들은 이번 주제를 주목하면 도움이 될 것이다.

그렇다면 해당 문장은 어떻게 바꿀 수 있을까?


(진심으로 궁금하여) "왜 물어보는 거야?"

→ "물어보는 이유가 따로 있어?"

이건 약간 난이도가 있는 문장 전환인데, 본래는 "어떤 이유로 물어보는 거야?" 정도로 바꿀 수 있다. '따로'라는 단어를 넣어 줌으로써 말의 부드러움을 추가한 것이다. 이런 예제들을 몇 개 보다 보면 '왜'라는 단어가 주는 공격성을 줄이는 방법과 더불어 쿠션 멘트를 자연스럽게 익힐 수 있다.

마지막으로, '아니'를 사용하는 문장이다. '아니'는 우리나라 사람들이 가장 많이 사용하는 단어 중 하나가 아닐까 싶을 정도로 자주 들려온다. 본질적으로 이 '아니'는 'NO', 즉 거절과 거부의 표현이다. 무리한 요구나 부탁에 단호하게 거절할 줄 아는 것은 현시대에 분명히 필요한 덕목이나, 그저 습관적으로 이 거절의 표현을 입에 달고 다닌다면 문제가 된다. 자신이 정말로 상대방의 말에 'NO!'를 외치고 싶었다면 몰라도, 그냥 아무 생각 없이 '아니'라는 단어를 남발한다면 상대방과의 대화에서 진정으로 교감하고 의견을 주고받는 게 아니라, 의도치 않은 말싸움으로 번질 위험이 농후하다. 구체적으로 어떤 사례들이 있는지 살펴보자.

"아니 내 말은 그게 아니라."

보통 상대방이 당신의 말을 제대로 알아듣지 못하고 다르게 해석했을 때 이러한 문장을 자주 쓰게 된다. 다만, 이렇게 상대방의 말을 완전히 부정해 버리면 필연적으로 무안함을 느끼게 된다. 상대방이 당신의 말을 이해했건, 하지 못했건 '아니'를 내세운 부정의 표현은 일상 속 대화에서 좋은 효과를 발휘하지 못한다. 평범한 대화를 하는데 갑자기 언쟁을 벌일 필요가 없지 않은가? 반대로 상대방과 말싸움을 벌이고 싶다면 '아니'를 적극 애용하면 될지도 모르겠다.

어쨌든, 언쟁이 아닌 서로 이야기를 나누고 정서적으로 교류하고자 한다면 이렇게 초두에 '아니'를 앞세운 문장은 결코 좋지 못하다. 그렇다면 이 문장은 어떻게 바꿀 수 있을까?

"아니 내 말은 그게 아니라." → "어, 그런 것도 있고~"

무슨 헛소리냐고? 의미가 처음이랑 완전히 달라지지 않았느냐고 물을 수 있다. 맞다. 본래 의미인 '부정'에서 그런 것도 있고라는 '긍정'으로 완전히 달라졌다.

그렇다면 그게 중요할까? 상대방의 말이 틀렸다는 꼭 짚어야만 하느냐 말이다. 앞서 말했다시피, 상대방의 말을 부정하는 건 대화의 한 부분이 되기보다는 그저 감정적인 불쾌함만 불러올 수 있다. 그렇기에 상대방이 내 말의 의미와 다른 뜻을 말했다고 해서 "아니 그게 아니라!"라며 지적하고 나서기보다 우선적으로 "네 말도 일부는 맞다."라는 정도로 수긍하고 넘어가는 게 원활한 대화를 위해 꼭 필요한 스킬이다. 정 이 방법이 마음에 들지 않는 사람은 이렇게 바꿀 수도 있다.

"아니 내 말은 그게 아니라." → "음, 그렇다기보다는~"

이 방법은 첫 문장의 본래 의미를 그대로 가져가되 조금 더 부드러운 주관 표현을 할 수 있게 도와준다. 상대방의 말을 잠시 고민해 보는 뉘앙스를 비추고, 당신이 전달하려는 말과 상대방이 이해한 말이 다름을 짚어 주며 당신이 의도한 뜻을 다시 이야기해 주는 흐름이다. 쉽게 말해 상대방을 무안하게 만들지 않고, 존중하려는 뉘앙스를 추가해 준 것이다.

정리해 보자. 해당 주제를 관심 있게 읽어 본 독자분이라면 직감적으로 느끼겠지만, '뭐' '왜' '아니'라는 세 단어의 공통점은 '상대방을 존중하지 않는 뉘앙스'를 가졌다. 정말로 상대방을 존중하건 존중하지 않건, 굳이 상대방과 척을 질 의도가 아니라면 단어가 가지는 뉘앙스와 느낌을 반드시 신경 써야 한다.

이처럼 공격성을 띠게 되는 대표적인 세 단어를 거르기만 해도 상대방과의 불필요한 마찰 없이 뜻을 전달할 수 있다. 핵심은 간단하다. '나는 당신을 존중한다.'라는 메시지를 전할 수 있다면 어떤 대화든 물 흘러가듯 주고받을 수 있다.

## 2) 어떻게 생각하세요?

상대방의 기분이 나쁘지 않게 하면서, 자신의 의사를 잘 전달하는 방법, 다음으로 소개할 기술은 바로 "어떻게 생각하세요?"다.

말의 말미에 "어떻게 생각하세요?"를 붙이면, '당신의 의견도 들어 보고 존중할 용의가 있다.'라는 느낌을 준다. 물론, 앞서 말한 '뭐' '왜' '아니'와 같은 워딩을 하거나 신경질적인 어조로 말을 하여 초장부터 안 좋은 인상을 심어 준 다음에 "어떻게 생각하세요?"를 붙인다고 느낌이 확 달라지는 건 불가능하다. 다만 앞선 의사 표현이나 의견 표시가 다소 주관적이거나 주장하는 느낌이 강할 경우에는 이 방법은 아주 유용하다.

예를 들어 보자. 치킨집에 간 당신은 치킨을 주문하여 서빙을 받았다. 닭다리를 씹었는데, 질겅질겅한 게 겉만 바짝 익고, 속은 하나도 익지 않았다. 당신은 이에 대해 항의하고자 한다. 두 가지 방법이 있다.

① "사장님, 이거 지금 닭다리가 하나도 안 익었잖아요, 보세요. 안 익었죠? 이걸 어떻게 먹으라고 내놔요?"
② "사장님, 이거 닭다리가, 보시면 아시겠지만 전혀 안 익었거든요. 어떻게 생각하세요?"

두 문장을 비교해 보자. 첫 번째 방법은 기본적으로 '화'가 나 있다. 항의를 하고 새 치킨을 내오라는 메시지와 더불어 화풀이를 하는 의미도 짙어 보인다. 이런 식으로 항의를 했다면 치킨집 사장님이 "이 정도는 거의 다 익은 겁니다. 손님."이라고 변명을 하여 말싸움이 되거나, 애써 안 좋은 표정을 숨기며

"죄송합니다, 손님. 다시 해 드릴게요."라고 할 확률이 높다. 그런 안 좋은 감정을 가진 채 사장님이 치킨을 정성스럽게 다시 튀기고 싶을까?

그에 반해 두 번째는 느낌이 많이 다르다. 닭다리가 전혀 익지 않은 '사실'을 전달하고, 곧바로 "어떻게 생각하세요?"라고 물어봄으로써 치킨집 사장님이 스스로 해결책을 강구하도록 부드럽게 압박한다. 이렇게 물으면 의식이 있는 사장이라면 진심으로 사과하고 기꺼이 치킨을 다시 내올 확률이 높다. 센스 있는 사장님이라면 손님에게 서비스라도 하나 더 얹어서 오지 않을까?

여기서 분명히 해야 할 것은, 이 일의 책임은 전적으로 치킨을 덜 익게 튀긴 치킨집 사장님에게 있는 게 맞다. 하지만 그렇다고 해서 굳이 치킨집 사장의 기분을 상하도록 말을 공격적으로 하여 서로 감정 상할 일을 만드는 것보다, '점잖게' 말을 하여 서로 최대한 감정이 상하지 않게 대화를 하여 '문제를 해결'하는 데에 포커스를 맞추는 것이다. 이 스킬은 웬만한 문장 어디에나 가져다 붙여 써도 유용하기에 독자분들이라면 꼭 알아 두었으면 하는 팁이다.

## 3) 선 부정, 후 긍정

말의 순서는 굉장히 중요하다. 어떤 말을 먼저 하느냐에 따라서 그 문장 전체의 뉘앙스가 긍정적인 분위기를 풍길 수도 있고, 완전히 부정적으로 비칠 수 있다. 또한 상대방에게 부드럽게 다가갈 수도 있고, 반대로 공격적으로 다가갈 수도 있다. 그렇다면 선 부정, 후 긍정은 무슨 뜻일까? 간단한 예시를 통하여 알아보자.

상황은 이렇다. 남자 M이 카페에서 누군가를 기다리고 있다. 바로 이번에 소개받은 여자 W이다.

그런데 약속시간이 되었는데도 W가 아직 오지 않았다. 덕분에 M은 W를 아직 만나지도 않았지만 딱히 좋은 기분이 아니었다. M이 떨떠름한 기분으로 커피를 마시고 있다. 그러다가 W에게서 카톡이 온다.

"죄송해요!! 저 30분 정도 늦을 것 같아요ㅠㅠ"

그 이후, 30분 뒤에 W가 헐레벌떡 들어와 자리에 앉으며 이야기한다.

"(미안하다는 표정으로) 죄송해요, 오래 기다리셨죠!"

M은 이 말에 대한 대답을 어떻게 할 수 있을까? 세 가지 방법이 있다.


① (조금 기분이 안 좋지만 굳이 티 내지 않으며) "아니에요, 괜찮아요. 별로 안 기다렸어요."

② (솔직하게 이야기하는 게 좋겠다고 판단하여) "네, 조금 기다렸어요. 하하……."

③ (그저 덤덤한 얼굴로) "네, 좀 기다렸어요. 그래도 W

씨가 그만큼 신경 쓰고 나오느라 늦으신 거라고 생각합니다."

자, 성공적인 소개팅을 위해서 가장 좋은 방법이 무엇일까? 읽으면서도 느껴지겠지만 세 번째 방법이다.

약속 시간에 제때 와서 기다린 남자 M이 어떤 대답을 하는 게 좀 더 매력적이고, 자기 할 말을 하는 사람으로 보일지. 그리고 위와 같은 대답을 상대방이 들었을 때 어떻게 느껴지는지 하나하나씩 뜯어보자.

첫 번째, "아니에요, 괜찮아요. 별로 안 기다렸어요."라는 대답을 분석해 보자.

오로지 '긍정적'인 뉘앙스의 말만 드러냈을 경우다. 표면적으로 M의 태도는 W에 대해서 긍정적이고, 배려심이 넘치는 대답이다. 30분이나 늦는 건 보통 입장에서는 기분이 상할 수 있다. 그리고 실제로 M도 기분이 좋지만은 않지만, W의 기분 나쁠까 봐 솔직하게 이야기하지 못한 뉘앙스가 크다. 어떻게 보면 가장 일반적이고 대부분의 사람들이 많이 하는 대답이기도 하다.

하지만 우리가 지금 알아보는 주제인, '상대방 기분 안 나쁘게 할 말 하는 법'의 관점으로 봤을 때는 좋지 못한 대답이다. 왜냐고? '할 말'을 못 했으니까!

M이 이런 상황에서 솔직히 하고 싶은 말은 무엇인가? "첫

만남부터 이렇게 늦으시니 기다리는 입장에서 솔직히 기분이 좋진 못하네요." 정도가 될 것이다. 다만 첫 만남이다 보니 서로 최대한 좋게 좋게 넘어가야 하기에 솔직하게 감정을 드러낼 엄두가 나지 않는 경우가 많다.

쉽게 말해, 그냥 M만 손해 본 게 되고, 여자는 "아 다행이네요! 이해해 주셔서 감사합니다." 하고 넘어가는 게 된다. 주관 표현도 못하고, 시간도 손해 보고, 남자는 매력적으로 비치지도 않았다. 최악의 대답인 것이다.

두 번째, "네, 조금 기다렸어요. 하하……."라는 대답을 분석해 보자.

오로지 부정적인 뉘앙스의 말만 드러냈을 경우다. 이건 첫 번째 방법보다는 차라리 나은 방법이라고 생각이 든다. 그나마 '할 말'은 했으니까. 그리고 뒤에 살짝 웃음(하하…….)을 붙여 상대방의 기분을 고려하려는 노력을 보였으니까 말이다.

하지만 이에 W입장에서는 어떤 대답을 할 수밖에 없을까? "아 죄송해요……. (정말 미안하다는 표정으로) 제가 디저트랑 커피 살게요……."라며 "죄송하다."는 말을 반복하게 된다. 말을 한 M은 이미 기분이 별로라는 걸 티를 냈고, W는 M이 기분이 안 좋다는 걸 알아 버렸으니 적어도 유쾌하지는 않다. 결론적으로 M과 W 둘 다 소개팅을 그다지 기분 좋게 시작하지 못한다.

세 번째, "네, 좀 기다렸어요. 그래도 W씨가 그만큼 신경 쓰고 나오느라 늦으신 거라고 생각합니다."라는 대답을 분석해 보자.

부정적인 뉘앙스와 긍정적인 뉘앙스의 말을 동시에 드러냈을 경우다. 여러분들이 읽어 봤을 때 어떤 느낌인가? 말이 조금 길어지는 대신에, 상황 자체를 재해석해 버림으로써 분위기가 어색해지지도 않으며 W를 질책하는 느낌도 들지 않는데다가 M은 '할 말'도 할 수 있게 되었다. 포인트는 두 가지이다.

① 제 할 말을 해야 한다.
② 다만, 긍정적인 말로 문장을 마무리함으로써 불쾌함을 굳이 강조하지 않는다.

다시 문장을 들여다보자.

"네 좀 기다렸어요." (부정적) + "그래도 W 씨가 그만큼 신경 쓰고 나오느라 늦으신 거라고 생각합니다." (긍정적)

나는 당신을 기다렸다는 말로 주관 표현을 할 줄 아는 모습을 보여 주면서도, 뒤에서는 당신이 그래도 뭔가 사정이 있어서 늦은 것일 테니 너그럽게 넘어가 주겠다는 뉘앙스를 주었다. M의 배려심과 센스가 드러난다.

이는 오로지 긍정적인 말만 하고 끝내거나. 아니면 반대로 부정적인 말만 하고 끝내는 게 아닌 두 가지를 함께 사용하되 말의 순서를 고려했기에 얻은 결과다. 하물며 남녀가 바뀐 상황이더라도 이와 같은 효과를 얻을 수 있다.

하지만 만약에, 선 긍정, 후 부정의 순서로 말을 하면 어떻게 들릴까?

"W씨가 신경 쓰고 나오느라 늦으신 거라고 생각합니다."
(긍정적) + "그래도 좀 기다리긴 했네요." (부정적)

어떤가? 말의 순서만 뒤바꾼 것인데도, 긍정적인 뉘앙스는 감쪽같이 사라지고 W가 늦은 것에 대해 질책하는 듯한 뉘앙스가 다시 나타났다.

이처럼, '선 부정, 후 긍정' 화법은 매우 유용하게 사용될 수 있다. 말 한마디로 당신에 대한 이미지를 재구성할 수 있게끔 도와주기도 한다. 실로 엄청난 효과가 아닌가?

혹자는 '무슨 말하기를 책으로 배우냐'며 비웃을 수 있다. 예시가 오글거리거나 와닿지 않을 수도 있다. 하지만 필자가 소개한 이 세 가지 요령을 책만 슥 읽고 끝내는 게 아니라, '음, 한 번 써먹어 볼까?'라는 생각으로 실전에 직접 활용하며 입으로 내뱉어 보는 적극적인 독자분들이라면 분명 그 효과를 체감하실 거라고 장담한다.

화술은 정말 한 끗 차이처럼 보이지만, 그로 인해 얻는 결과는 어마어마하다. 말은 생각을 담는 그릇이라고 하였다. 이왕 생각을 담아야 하는 것, 예쁘고 근사한 그릇에 담아 보는 건 어떨까?

# 8 인싸를 전혀 부러워하지 않아도 되는 이유

연말, 연초에는 술자리가 많다. 대학교, 고등학교 동창을 만나기도 하고 각종 소모임의 사람들을 만나기도 하고 오랫동안 알고 지내던 친구들을 만나기도 한다. 그러다 보면 거의 약속이라도 한 듯이 술을 진탕 마시고 취하는 자리가 만들어진다.

그리고 필자는 그런 술자리를 현재는 좋아하지 않는다. '현재는'이라는 말을 붙인 이유는 옛날에는 좋아했기 때문이다. 아니, 정확히 말하면 술자리에서 '내가 모임의 중심이 되고 분위기를 주도하는 분위기 메이커가 되는 걸' 좋아했던 것 같다.

하지만 지금은 그런 자리를 원하지 않는 이유가 뭘까? 곰곰이 생각해 보았다. 어째서 나는 인싸가 아니어도 그들을 부러워하지 않고 만족스럽게 살고 있을까.

그 이유에 대해서 얼마 전 있었던 술자리에서의 일화를 되짚으며 생각해 보았다. 필자가 속한 사교 모임에서 열댓 명이 되는 사람들이 한 공간에 모여 술과 음식을 먹고 간단한 게임을 하며 친목을 다지는 파티였다. 그리고 많은 사람들이 한 공간에 모이면 늘 그렇듯이, 말이 별로 없는 사람도 있고, 적당히 말하는 사람도 있으며, 텐션을 높여 사람들의 관심을 한 몸에 받는 사람이 있다. 대략 세 종류의 사람으로 나뉘는 것 같다. 필자는 적당히 말하는 사람의 종류에 속했다. 사람들이 어색해하지 않게끔 적당히 말도 붙이고, 별로 이야기하고 싶지 않으면 듣는 데에 더 집중하는 편이었다. 모임의 중심에 선다기보다는 외곽에 가까웠다.

그리고 모임의 중심이 되는 인물도 있었다. 그 친구의 이름을 찬수라 해 보자. 찬수는 누가 봐도 외향적이고 인싸였다. 재미있는 장난도 잘 치고, 술도 잘 마시며 매우 쾌활한 사람이었다. 술자리가 무르익으면서 사람들의 성향은 확실하게 나뉘었다. 내향적인 사람은 기가 빨리며 사람들의 말을 듣는 데에 집중하고, 외향적인 사람은 더욱 신이 나서 말하고 떠드는 데에 여념이 없었다.

여기서 당연히도 외향적인 사람, 그중에서도 찬수가 사람들의 주목을 가장 많이 받았다. 그는 그 상황을 즐기고 관심을 마음껏 즐기며 술자리를 재밌게 만들었다. 스무 살 초반이었던 때의 필자는 그런 사람이 되고 싶었다. 쉽게 말해 인싸가 되고 싶어 했다. 그래서 인싸라 불리는 형들을 관찰하고, 따라 해 보고, 술자리에 일부러 참석해서 그 형들을 흉내 내기도 하고 그런 사람들의 특징에 대해서 알아보기도 했다.

그런 노력 덕분에 나는 잠시 그런 부류의 친구들과 어울리기도 했다. 사람들이 나만 바라보고, 나의 행동이나 말을 들으며 깔깔 웃고 재밌어하는 반응이 돌아왔다. 내가 그 자리에서, 그리고 그들의 인간관계에서도 주인공이 된 것 같았다. 인기가 많았었다. 말하고 떠들 맛이 났다.

그러나 지금은 그런 관심을 즐기지도 않고, 딱히 원하지도 않으며, 인싸였던 시절을 그리워하지도 않는다. 모든 사람들이 찬수가 재밌고 활발하다며 추켜세우고 따르지만, 부럽다는 생각은 일말도 들지 않았다.

그 이유는 간단하다. 내가 추구하는 목표는 그들(인싸들)과 다르기 때문이다. 모든 인싸들이 그런지는 모르겠지만, 그들이 입을 열고 사람들을 웃기고 분위기를 이끄는 주요 원동력은 당연히도 주변 사람들의 리액션이다. 그들의 리액션이 좋으면 막 기분이 좋아지고, 안 좋으면 살짝 아쉽기도 하고 '다음 장난은 더 재밌게 쳐야지.' 하는 생각을 하기도 한다. 필자도 그 즐거움을 알고, 사람들의 관심을 받는 느낌이 지금도 싫지는 않다.

하지만 그렇게 인싸가 되어 사람들의 중심에 서는 것이 목표였던 시간은 이미 과거가 되었고, 지금 나의 목표는 그런 게 아니다. 현재, 지금의 필자의 목표는 그저 나만의 목표를 이루고, 조용히 할 것을 하며, 나를 사랑해 주는 가족과 여자 친구, 친구들에게 조금 더 신경 쓰고 웃어 줄 수 있는 삶을 원할 뿐이다.

과거의 필자가 그랬듯이 어떤 내향적인 사람들은 자신은 인싸의 영역에 끼지 못하는 것에 대해 불편함을 느끼고 인싸가 되려 많은 노력을 한다. 어떨 때는 자존감에 상처를 입기도 한다. '나는 왜 관심받지 못하지.'라면서 말이다.

그러나 지금의 나는 인싸들과 더불어 인싸가 되고 싶어 하는 사람들과는 다른 목표를 지녔기에 인싸들을 봐도 아무런 느낌이 안 든다. 나의 자존감은 술자리에서 주목받지 못했다는 이유로 다치거나 작아지지 않고, 그냥 그대로 유지될 뿐이다. 나의 행복은 남들의 리액션이 정하는 것이 아니라, 내가 정하는 것이다. 나의 목표는 남들을 향하지 않고, 나 자신 안을 향한다.

물론 사람들이 나의 말과 행동 하나하나에 기대감을 가지고 주목하는 건 기분 좋은 일이긴 하지만, 그렇지 않다 해도 상관없다. 굳이 목소리를 높여 남들의 이목을 끌지 않고, 조용조용히 툭툭 드립을 던지는 것만으로도 재미를 느낀다. 그리고 이러한 사고 과정은 인싸가 되지 못하여 괴로워하는 이들에게 도움이 될 것이라 생각한다. 외향적이고 활달한 사람이 아닌데도 억지로 외향적인 사람이 될 필요는 없다. 내향적이고 말수가 없다면, 그것대로 그 능력을 개발하여 충분히 인기를 끌 수

도 있으며 원한다면 그 자리에서 빠져나와 마음에 맞는 소수
의 사람들과 어울리는 방법도 있다. 그러니 인싸들을 무작정
부러워하거나 선망하지 않아도 된다. 각자 스타일이 있는 법이
니까.

# 8 영악한 사람이 순수한 사람보다 훨씬 더 사랑받는 이유

10대 후반, 20대 초반 즈음, 그중에서도 연애와 인간관계의 경험이 적은 사람들의 특징이 있다. 바로 너무 순수하다는 것이다. 그저 의도 없는 마음으로 상대방에게 잘해 주는 것. 아무런 대가도 바라지 않고 하릴없이 베푸는 것. 내가 조금 손해 봐도 이 사람이 좋으면 됐다고 생각하는 것. 어떻게 보면 참 '착한 사람' '좋은 사람'이라고 생각되는 사람들을 가만히 보고 있노라면 정말 부럽기도 하고, 한편으론 마음이 아프기도 하다. 부러운 이유는 그 사람들이 가지고 있는 저 젊고도 어린 마음이 얼마나 귀하고 깨끗한지 알기 때문이고, 마음이 아픈 이유는 저렇게 순수한 마음이 오래 유지될수록 더 많은 상처를 받으면서 아파할 걸 알기 때문이다.

연애로 예를 들면 이렇다. 이제 막 대학생이 된 A는 가진 거라고는 오로지 건강한 신체와 순수한 마음뿐이다. 그러다가 동아리에서 한 여자아이를 만났다. 여자아이는 매력적이고 어느 정도 남자를 만나 본 아이였다. 그래서일까? A는 그 아이의 성숙함과 동시에 예쁜 외모에 이끌려 무작정 그녀를 따라다니기 시작한다. "그냥 널 기다릴게, 네가 날 좋아하지 않아도."라는 가슴 아픈 말을 하면서.

여자아이는 결국 A의 진심을 받아들이고 사귀기로 한다. 하면, 이 이야기의 끝은 해피엔딩일까? 안타깝게도 머지않아 여자아이는 A와의 결별을 통보하게 될 것이다. 이렇게 순수한 마음, 재거나 계산하지 않고 요령 없이 오로지 '순수한 마음' 하나로 밀고 나가는 연애는 오래갈 가능성이 매우 적다. 좋아하는 이성과 운 좋게 사귄다고 해도 그 관계의 유지가 힘들다는 말이다. 순수, 진심, 헌신과 같은 면모는 문학작품에서야 좋은 소재로 쓰일지 몰라도, 현실에서는 너무도 유약하고 흔한 힘이다. 냉정하게 들리겠지만 남자든, 여자든, '좋은 사람'보다는 '매력적인 사람'을 본능적으로 원하기 때문이다.

물론 어떤 이는 나에게 잘해 주기만 하면 된다며 '좋은 사람'이 더 좋다고 이야기할 수 있다. 하지만 확신컨대 '좋기만 하고 매력적이지 않은 사람'과의 연애를 오래 지속할 수 있겠냐고 물어본다면 고개를 저을 것이다. 여기서 매력적이란 말은 다시 말해, 영악하다는 말로 치환할 수 있다.

매력이란 힘은 쉽게 가질 수 없다. 많은 경험과 더불어 자아

성찰, 그리고 사람의 심리에 대한 공부와 실험이 필요하며 그 사실들을 받아들이고 체화할 시간적 여유도 필요하기 때문이다. 진정으로 좋아하는 이성과 사귀고 관계를 오랫동안 유지하고 싶다면, 영악한 마음을 가져야 한다. 오로지 순수함이나 솔직함 같은 걸 무기로 삼지 말고, 시간과 노력을 투자해 여러 경험을 겪으며 받아들일 것과 쳐내야 하는 덕목들을 분별해야 한다. 그래서 요즘 대두되는 이야기가 '30대 남자 와인론' 아니던가. 무르익을수록 사람은 성숙하고 매력적으로 변한다는 말이다. 괜히 그런 것이 아니라, 위에 언급한 이유가 있으니 그런 것이다. 하물며 한 사람과 한 사람의 관계에서도 이런데, 여러 사람과의 관계를 맺는 사회생활에서는 어떨까? 착함이나 진심보다, 매력적임과 영악함이 더 강하다는 사실은 어떻게 보아도 명백하다.

물론, 이렇게 '매력적인 사람이 되어야 사랑받을 수 있구나.'라는 걸 몸으로, 피부로 깨달으려면 직접 아픈 경험을 해야 하는 게 정석이다. 그래야 더 빠르고 효과적으로 달라질 수 있다.

가장 위험하고 어리석은 일은 이런 사실을 외면한 채 '난 순수하고 의도 없는 마음이 장점이야.'라며 계속 같은 모습으로 사는 것이다. 모든 건 적절한 때가 있다. 쌓아 온 경험이 많지 않고 외적으로도 건강한 10대, 20대의 어린 날에는 순수가 장점이 될 수 있다. 너무 순수해서 바보 같을지언정 사람들이 이해하고 웃으며 넘어갈 수 있는 나이일 때는 그 순수함이라는 게 통한다. 그러나, 척 보기에도 나이가 찼고 실제로도 나이를 제법 먹은 사람이 아직 인간관계에서 순수함이 최고라고 생각하며 요령 없는 모습을 보인다면, 그저 나잇값 못하는 매력 없는 사람이 되고 만다. 그게 현실이다.

아픈 경험은 최소화하되, 좋은 덕목은 빠르게 가져가는 것이 질 좋은 행복을 누리는 데에 가장 좋은 방법이다. 그러니 순수함을 소중히 여기되, 너무 큰 상처를 받기 전에 영악해지자.

# 8 내 인생을 뒤집는 가장 지혜로운 행동 한 가지

우리는 사람들 사이에서 살아가고 있다. 그로 인해 필연적으로 소통이라는 것을 해야 하고, 그 소통의 방법으로 대화를 해야 한다. 다시 말해 우리는 살아가는 와중에 반드시 '말'을 해야 한다. 그 말이 실제로 입을 열어 말하는 언어이건, 몸짓이나 표정, 제스처 같은 비언어이건 말이다.

나중에 나올 주제에서도 이야기하겠지만, 인생을 엑스트라가 아닌 주인공처럼 사는 이들은 입을 쉽사리 놀리지 않는다. 그에 관한 맛보기에 있는 주제로, 상황에 따라 우리를 살리고 죽이는 지혜로운 행동 중 하나를 소개하겠다. 바로 '속마음을 쉽게 드러내지 않는 것'이다.

인생을 한마디로 표현한다면 뭐라고 표현하면 좋을까? 많은 사람들이 '여행'이라고 말하곤 한다. 이곳저곳을 다니며 많은 경험을 하고, 많은 사람을 만나고, 또 느낀 바에 따라 다양한 깨달음을 얻는 게 인생이라고 본다면 이는 확실히 좋은 표현이다. 각자 사는 관점에 따라서 그렇게 볼 수 있다. 그러나 필자는 조금 다르게 생각한다.

앞서 말했다시피, 우리는 항상 사람들과 소통해야 한다. 상대방이 좋든 싫든, 현명하건 멍청하건, 매력적이건 지루하건 말이다. 그리고 상대방과 원하는 것을 교환하고, 어떨 때는 상대방의 것을 빼앗거나 도리어 빼앗기며, 또 어떨 때는 호의를 베풀며 그냥 내주기도 한다. 그러므로 필자는 인생을 '게임'이라고 표현하고 싶다.

그 게임은 원 카드 게임이 될 수도, 고스톱이 될 수도, 포커가 될 수도 있다. 어쨌든 마주 보고 패를 숨긴 채 긴장감을 유지한다는 분위기라면 어떤 게임이든 좋다. 우리는 늘 패牌를 감추고 살아간다. 어떤 패는 초장부터 드러내 놓고 상대방을 위협하는 강수가 될 수 있고, 어떤 패는 '나에게 꽤 괜찮은 패가 있어.'라고 은근히 티를 내며 견제를 하는 견제수가 될 수도 있다. 또 어떤 패는 버리느니만 못함에도 그게 귀중한 자산인 줄 알고 열심히 가지고 있는 패도 있다. 여러 가지 패가 있고, 이를 드러내는 갖가지 방법이 있는 것이다.

여기에, 어느 경우에도 무난하면서도 쉽게 실패하지 않는 안전한 방법이 있다. 바로 패를 쉽사리 공개하지 않는 것이다. 비단 상대방이 아예 모르는 남이건, 연인이건, 가족이건, 친구이

건, 회사 동료이건 상관없이, 우리는 이 패를 항상 뒷면만 보이고 상대방이 모르도록 하는 게 가장 안전하고 효과적인 수단이라는 걸 알아야 한다. 상대방이 이 사람에게 '뭔가가 있구나.'라는 정도의 추측만을 품게 만들어 끊임없는 상상의 나래를 펼치도록 여지를 준다면, 그 어떤 사람도 당신을 쉽사리 판단하지 못한다.

그래서 현세기에 오기까지 수많은 현자들과 성인들이 하는 말이 있지 않던가.

"입보다 귀를 더 열어라."
"경거망동하지 말라."
"약점을 드러내지 말라."

말이건 행동이건, 당신이 느끼고 생각하는 걸 죄다 밖으로 표현하고 꺼내 버리고 나면 당신은 상대방을 쥐고 흔들며 유혹할 수단이 없어진다. 게임으로 비유하면 '가진 패'가 없어진다는 뜻이다. 이미 상대방은 당신이 가진 패를 전부 다 알아 버려 게임의 결과를 너무 뻔히 예상할 수 있기에 당신과의 게임은 재미가 없어진다. 실제로 사람들은 재미없는 게임을 어떻게 처리하는가? 당연히 빨리빨리 해 버리거나 중간에 때려치운 뒤 새로운 게임을 시작하고 싶어 한다.

불필요한 말을 줄이고, 표정을 조금 더 감추며, 생각하는 것을 일부만 드러내는 연습을 해야 한다. 그러려면 조금 더 느리고, 신중하게 움직여야 한다. 사람마다 다를 수 있지만, 적어도 필자는 '천천히, 그리고 무겁게 움직이는 대왕고래'가 '얇은 꼬리를 파닥파닥 쳐가며 바쁘게 움직이는 날치'보다 멋있다고 생각한다. 뭐가 좋고 나쁘거나 가치가 높고 낮음의 문제가 아니라, 첫인상을 보았을 때 그렇다는 이야기이다. 실제로 바다에서도 대왕고래가 수많은 날치들을 한입에 잡아먹는다.

# 8  반드시 이별을 겪어야 하는 이유

사랑하는 사람과의 이별이란 언제, 어디에서 하든 간에 슬프다. 아니, 굳이 사랑까지는 아니더라도 적당히 친밀한 사람과의 이별 역시 슬프고 고통스럽긴 매한가지다. 이별은 이성 친구와의 이별이 될 수도 있고. 전학이나 이사를 가면서 친구와 물리적으로 멀어지는 이별이 될 수도 있다. 어떤 경우든 이별이란 늘 슬프고 고통스럽게 묘사되곤 한다.

하지만 우리는 이미 알고 있듯이, 자신의 인생은 자신 스스로 책임져야 한다. 그렇기 때문에 우리는 이 괴롭고 힘든 이별을 남에게 기대거나 다른 사람에게서 치유받으려 하기보단, 오히려 나의 성장에 도움이 되는 발판으로 만들어 이겨 낼 줄 알아야 한다. 그중 가장 흔하고 많이 겪는 이별은 바로 연인과의 이별이니, 이 경우에 관해 이야기해 보자.

사람에게 받은 상처는 사람으로 치유한다는 말이 있다. 많은 사람들이 이에 고개를 끄덕이며 동의한다는 걸 알지만, 사실 이는 반만 맞고 반은 완전히 잘못된 이야기다.

결론부터 이야기하자면, 이별 후에는 반드시 홀로 슬퍼하고, 과거를 되짚으며 생각을 정리하는 시간을 가진 후에야 비로소 치유라는 게 이루어진다. 그저 "똥차 가고 벤츠 온다잖아, 그냥 잊고 다른 사람 만나!" 하는 가벼운 조언에 곧이곧대로 수긍해서는 더 행복한 연애를 하기 어렵다. 더 나은 연애를 하고 더 나은 삶을 살고 싶다면 고통스럽더라도 반드시 지난 연애 기간을 되돌아보며 당시 겪었던 문제들에 대한 해답을 스스로 찾고 고민하는 시간을 가져야 한다.

내가 이 사람을 만나면서 어떤 것이 힘들었는지. 다음부터 이런 점에서 힘들지 않으려면 어떤 사람을 만나야 할지. 그러려면 나부터는 어떤 사람이 되어야 하는지. 상대방이 싫어하던 나의 특징이 있었다면 그 특징을 어떻게 바꾸어야 하는지. 어떤 말을 했을 때 상대방이 어떤 반응을 보였었는지. 긍정적이었는지, 부정적이었는지. 그런 말들이 나의 행복한 연애에 도움이 되는 말이었는지. 그렇다면 나는 나의 언어 습관, 생활 습관, 외모, 경제 관념, 배려심, 나만의 매력, 자존감, 자신감 등을 어떻게 다듬고 발전시켜야 할지…….

추가로, 나는 특히 상대방의 어떤 점을 사랑했는지, 싫어했는지. 상대방은 특히 나의 어떤 점을 사랑했는지, 싫어했는지.

나에게 있어 이성의 외모가 그렇게 중요한 거였는지, 아니면 외모는 적당하더라도 센스와 유머 감각이 더 중요한 점인지. 내 삶의 가치관이 과연 올바르고 건전한지 등등, 지난 연애를 다시 곱씹으며 정리하는 시간을 가져야 한다. 이처럼 실제로 겪어 보고 경험해 보아야만 알 수 있는 것들을 쉽사리 잊지 말고 진지하게 되짚어 보아야 한다.

물론 이런 고민들이야 평소에도 할 수 있다. 자기계발서든, 연애 관련 조언 글이든, 연애 유튜버의 영상이든, 지인에게 전해 듣는 이야기든 현시대에는 널린 게 이러한 정보와 콘텐츠니까 말이다. 하지만 그러한 고민이 실제로 내게 눈에 띄는 도움이 될 수 있는 시기는 매우 한정적이다. 그 시기는 바로 '이별 직후'이다. 직후라 함은 1개월, 2개월 정도로 표현할 수 있는 물리적인 시간이 아니라, 이별을 하고 슬픈 감정이 많이 사그라들기까지의 기간을 말한다.

본래 사람은 남이 주는 조언이나 충고와 같이 듣기 싫은 것들은 먹기에 쓰기에 빨리 뱉어 버리고, 듣고 싶은 것만 들리기 마련이다. 하물며 본인이 먼저 조언을 구했다 하더라도, 제 생각과 다르면 한 귀로 듣고 한 귀로 흘리는 경우가 다반사다. 그러나 그러한 고민을 저 스스로 필요성을 느끼고 갈증을 느낀다면? 진실이 입에 쓰더라도 삼킬 수 있다. 쉽게 말해서, '슬프고 괴로울 때 비로소 진실을 받아들인다.'라는 뜻이다. 내가 머릿속에 이별로 인한 슬픔이 가득하고 이제 다시는 이런 슬픈 이별을 겪고 싶지 않다는 생각이 든다면, 전에 겪었던 문제들을 되짚는 시간들이 하나하나씩 본인의 뇌리에 깊게 꽂히며 더욱 현명해질 수밖에 없다. 이런 과정을 거쳐야 다음 연애를 할 때 더 좋은 사람을 가려낼 수 있는 안목이 생기고, 나 역시도 더 좋은 사람이 됐기에 상대방을 끌어들일 수 있는 매력을 갖추게 된다. 그 결과 더 좋은 사람이 되어, 더 좋은 사람을 만나, 더 만족스러운 연애를 할 수 있다.

또한, 이러한 이별을 겪고 홀로 성찰한 사람은 생각의 깊이가 아예 다르다. 그 커다란 아픔을 겪은 사람에게는 더한 고통도 참아 낼 수 있는 인내심이 생기며, 연인을 사귀고 헤어지면서 겪었던 문제들을 해결하기 위해 깊은 고민의 시간을 가졌기에 삶이 전반적으로 발전하고 성숙해질 수밖에 없다. 그러므로 우리는 이별을 해 봐야 한다. 그게 아무리 쓰라릴지라도 말이다.

# 8  모든 사람에게 통하는 대화 필살 스킬

청산유수青山流水라는 사자성어가 있다. 푸른 산에 흐르는 맑은 물이라는 뜻으로, 막힘없이 썩 잘하는 말을 비유적으로 이르는 표현이다. 말을 잘한다는 것은 어떻게 보면 굉장한 재능이기도 하고, 누군가는 청산유수한 말재주를 가지기 위해 매일 노력하고 있을 수도 있다. 우리는 언어라는 도구를 이용해 사람들과 소통하고, 누군가에게 제 매력을 어필해야 하며, 때로는 타인의 기분을 고려하면서도 정중하게 거절할 줄 알아야 하기에 말을 잘한다는 것은 분명 필요한 능력이다. 그런 측면을 생각해 보았을 때 말을 유창하게 하고 싶다는 마음은 누구나 들 수 있다.

그렇다면, 무언가를 잘하고 싶을 때 지켜야 하는 '법칙'이 있을까? 분명 존재한다. 예를 들어 농구를 잘하려면 공의 그립이 가장 중요하고, 요리를 잘하려면 재료가 신선한 것이 가장 중요하고, 글을 잘 쓰려면 글을 많이 읽는 경험이 가장 중요하듯이, 말을 잘하려면 마찬가지로 그에 관한 법칙이 있다고 본다. 말을 잘하는 데에 반드시 필요한 법칙은, 바로 말을 최대한 '짧게' 하는 것이다. 이는 앞에서 말한 청산유수라는 단어와 반대되는 표현이다.

말을 짧게 한다는 것의 의미는 반말을 하라거나, 성의 없이 이야기하라는 것이 아니다. 이는 달리 말하면 화려한 수식어구나 사족, 상대방이 별로 궁금하지 않은 이야기를 빼고, 필요한 말만 담백하게 이야기하라는 말과 같다. 지금 이 페이지에서 전하는 대화 스킬의 목적은 상대방과의 원활한 소통에 있다는 걸 서두에 확실히 깔아 두고 이야기해 보자. 결론부터 이야기하자면, 청산유수로 말을 구사하는 건 매우 어렵고, 자칫 상대방이 말뜻을 못 알아들을 리스크가 크지만, 말을 짧고 담백하게 하는 건 그렇게 어렵지 않고, 리스크도 작을뿐더러 효과도 좋다.

예를 들어 당신이 친구의 소개로 지금껏 그토록 바라고 그리던 이상형을 만났다고 가정해 보자. 당신이 남자이든 여자이든 관계없이, 당신은 상대방에게 좋은 인상을 심어 주고 관계를 더 진전시키고 싶을 것이고, 이때 당신은 어떤 것보다도 언어라는 도구를 이용해야 할 것이다. 그렇다면 당신이 해야 할 대화의 법칙은, 아주 재미있는 이야기를 맛깔나게 줄줄이 읊거나 당신이 해낸 업적과 커리어를 화려하게 자랑하는 게 아니라. 어떤 말이든 '짧고 담백하게' 하는 것이다.

만약 '음식'에 대한 주제가 나왔다고 해 보자. 음식이라는 주제는 여러 가지 소주제로 뻗어 나갈 수 있다. 좋아하는 음식, 싫어하는 음식, 할 줄 아는 음식, 해 보고 싶은 음식, 먹어 보고 싶은 음식, 이국적인 음식, 어머니의 음식, 아버지가 해 준 카레라이스가 맛이 없었던 일, 등등…… 대단히 다양한 주제가 있다. 여기서 당신이 상대방과 더욱 친밀해지고 싶다면 그때 당신은 음식에 대한 주관이나 호불호, 사연에 대해서 이야기를 할 때 항상 담백하고 간결하게 이야기해야 한다.

예를 들어 "제육볶음이 너무 달면 맛이 없더라."라는 말을 할 때는 너무 단 제육볶음이 맛이 없는 이유만 하나 덧붙여서 이야기하고 상대방의 생각을 물어보는 흐름이 가장 좋다. 하지만 여기서 너무 단 제육볶음이 맛이 없는 이유와 설탕을 많이 넣으면 음식이 질겨지는 원리와 더불어 너무 단 제육볶음을 먹고 입이 텁텁해서 하루 종일 갈증이 나 고생했던 날에 관한 이야기를 청산유수 줄줄이 이어 말하면 상대방은 당신이 하는 말을 기억하기도 어려울뿐더러 어떤 주제에 대해 어떻게 리액션 해야 할지도 고민해야 한다. 다시 말해 '주고받음'이 이루어질 틈새가 줄어들어 대화 자체가 불편해지고 고민스러워지는 것이다. 따라서 입을 한 번 열면 하나의 주제를 간단하고 담백하게 이야기해야 상대방도 질문할 거리를 쉽게 떠올릴 수 있고, 소위 '티키타카'가 될 여지가 생긴다.

말은 아무리 재밌다고 하더라도 길어지면 길어질수록 상대방이 지루하다고 느끼기 쉽고, 대부분의 경우 문장이 적당히 짧고 간단할수록 이해하기 쉬우며 소통하고 있다는 느낌을 줄 수 있다.

청산유수 같은 언어를 구사하려면 일정 수준 이상의 언어적 센스와 앞에서 상대방이 했던 말을 기억했다가 다시 써먹고, 언어유희와 더불어 유머 감각도 준비되어 있어야 비로소 상대방이 '와, 이 사람 말 잘한다.'라고 생각하게 된다. 다시 말해 경지에 다다르기가 결코 쉽지 않다.

하지만 그저 하고자 하는 말을 알아듣기 쉽게 깔끔하게 하는 건 비교적 어렵지 않을뿐더러 대부분의 사람들에게 먹히는 기본적인 대화 스킬이다. 그러니 너무 유창한 스피커Speaker가 되려고 하기보다, 불필요한 말을 덜어 내고 상대방의 말에 적절한 질문과 리액션을 할 줄 아는 리스너Listener가 되는 것이 성공적인 인간관계를 위한 지름길이다.

# 8

## 좋던 관계조차도 망쳐 버리는 최악의 버릇 세 가지

사람들과의 관계를 건강하게 유지하는 데에 있어서 중요한 법칙이 있다. 바로 정서적 거리를 너무 멀지도, 너무 가깝지도 않게 하는 것이다. 여기서, 사람들은 너무 멀지 않게 하는 건 대부분이 잘한다. 친해지고 싶은 사람과 정서적인 거리를 좁히고 친해지는 방법은 잘 아는 것 같다. 정서적인 거리가 가깝다는 건 어떻게 보면 참으로 기쁘고 감사한 일이다. 어떤 면에서는 내가 친해지고 싶은 사람과의 친밀함은 그 어떤 것보다도 짜릿하고 행복한 일이기도 하다. 그러나, 정서적 거리를 너무 가깝지 않게 하는 건 미숙한 경우가 굉장히 많다.

정서적 거리가 너무 가까울 때 일어나는 부작용이 있다. 이 부작용들에는 어떤 것들이 있는지, 내가 좋아하고, 사랑하는 사람과의 관계를 오랫동안 잘 유지하기 위해 하지 말아야 하는 행동 지침에는 무엇이 있는지 이야기해 보겠다.

## 1) 침범하는 것

뭐든 간에 적절한 밸런스가 중요하다. 이는 사람과의 관계에서도 마찬가지로 적용되는 진리다. 정서적인 거리를 가깝게 하는 방법에 대해서는 여러 매체에서 많이 다뤄졌다. 책이나 유튜브 영상, 하다못해 인기 좋은 지인의 입에서도 이는 많이 언급되는 내용이다. 그러나 우리는 그 관계를 유지하기 위해 '너무 가까워지면 안 되는 이유'에 대한 건 들어 본 적이 많이 없다.

사회에 갓 나온 20대 성인 남녀들이 많이들 겪는 아픔이 있다. 바로 연인과의 이별, 절친하던 친구와의 손절이다. 이들이 이런 아픔을 겪게 되는 원인을 잘 살펴보면 대부분이 '개인의 영역을 침범'하여 벌어진다. 경험이 부족하고 감정을 요령 있게 드러낼 줄 모르다 보니 이런 실수를 자주 범한다. 상대방을 사랑한다고, 좋아한다고 해서 어떤 이들은 상대방에 대해 너무 많은 것을 알고 싶어 한다. 더 가까워지고 싶어 한다. 혹은 참견하려 하거나 많은 관심을 기울인다. 여기까지는 그럴 수도 있다. 누군가를 좋아한다는 것 자체가 원래 더 깊게 알고 싶어 하고, 관심이 간다는 거니까 말이다.

그러나 이렇게 상대방의 영역에 당신이 필요 이상으로 너무 깊이 들어가려 하고, 침범하려 들면 심각한 문제가 생긴다. 바로, 상대방이 당신을 부담스럽다고 느끼게 된다는 점이다. 사람이 상대방과 일정 수준 이상 친하면 어느 정도까지의 말과 행동은 허용된다는 '법'이나 '규정'이 있는가? 그런 건 세상에 존재하지 않는다. 보통 적당히 지내는 지인과의 만남에서는 눈치껏 '이 정도까지 하면 이 사람이 부담스러워하겠구나.'라고 판단하고 알아서 안 한다. 그런데 유독 관계가 많이 진전된 이후에는 많은 사람들이 이 점을 감쪽같이 잊는다. 마치, '나는 너랑 친하니까 이 정도는 해도 돼!'라는 생각이 어느 시점부터 확 박히는 것처럼 보이기도 한다.

대표적인 예로 연인 사이에 휴대폰을 검사하는 것이 있다. 휴대폰은 사생활의 영역이고, 어떤 범죄를 저지르지 않는 이상 경찰도 함부로 압수하거나 검사할 수 없다. 한데 단순히 연인이고 사귀는 사이라는 이유로 "누구랑 연락하는지 좀 볼게?"라면서 메신저 창을 샅샅이 뒤지는 행동은 관심의 표현이라기보다는 엄연한 침범이고 집착이다. 검사당하는 당사자 입장에서 얼마나 정이 떨어질지는 3초만 생각해도 결론이 나온다.

이처럼 연인, 평생을 함께하기로 한 부부, 10년 지기 절친과의 관계에서도 최소한의 거리감은 반드시 필요하다. 설령 가족이라고 할지라도 당신은 상대방의 영역에 침범할 수 있는 권리는 없다. 지나친 참견과 침범은 상대방으로 하여금 '피곤하다.' 혹은 '부담스럽다.'고 느끼게 할 것이고, 이러한 마음의 싹

이 트는 순간부터 당신과 상대방의 관계는 서서히 균열이 가기 시작한다. 친할수록 예의를 갖추고, 상대방의 영역을 존중해야만 건강한 관계가 유지될 수 있다.

## 2) 매몰되는 것

상대방을 좋아하다 보면 이것저것 다 들어주고, 아낌없이 퍼주고 싶다. 하물며 그냥 단순한 호감만 있는 경우라도 상대방이 어떤 호의를 원하면 '착한 아이 병'에 걸린 듯 당신의 시간과 돈, 에너지를 써 가면서 아주 지극정성으로 잘해 주곤 한다. 그러다 보면 더 나아가 가스라이팅에 당하는 경우도 생긴다. 주로 마음이 여리거나 사람을 많이 겪어 본 경험이 없는 이들이 직면하는 문제다. 당신의 시간, 돈, 에너지를 상대방과의 관계를 유지하는 데에 전부 투자하는 건 단순히 상대방을 너무 좋아하는 것을 넘어 상대방에게 '매몰'되었다고 표현한다.

여기서 반드시 알아야 하는 인간관계의 진리가 있다. 바로, '누구보다도 내가 가장 소중하다.'라는 점이다. 상대방이 아무리 매력적이고, 당신에게 없어서는 안 될 소중한 존재라고 해도 당신은 지금 당장 가지고 있는 본인의 정신과 육체를 가장 소중히 여겨야 한다. 상대방에게 매몰되어서는 안 된다는 이야기다. 그런데 부탁을 해 오는 사람이 바로 당신의 연인이나 썸남, 썸녀, 예쁜 여자이거나 잘생긴 남자다? 그러면 그대로 바보로 빙의해서 상대방에게 휘둘리는 경우가 너무 많다. 필요 이상의 비싼 선물을 원하거나 뭘 대신 해 달라는 부탁 혹은 금전적 요구에는 당연히 거절해야 한다. 만약 한 번이라도 이른바 '호구' 같은 모습을 보이면 상대방은 당신과의 관계를 평등하게 보지 않고, 갑을 관계로 인식하게 된다. 이는 상대방이 착하건, 나쁘건, 인성이 좋건 나쁘건 상관없이, 사람이라면 무의식적으로 드는 생각이다. '얘는 좀 애가 맹랑하네?'와 같은 생각이 들게끔 만들면 안 된다는 뜻이다.

여기까지는 말만 들었을 때 누구나가 다 아는 당연한 사실이기에 구체적인 예를 들어 보겠다. 밤 12시, 남자 M은 잘 준비를 하던 중 갑자기 전화가 울려 받아 보니 썸녀 W였다. W가 수화기에 대고 대뜸 말하길, "나 지금 양재에서 놀다가 술에 너무 취했어. 데리러 와 주라."라고 한다. 물론 이런 부탁은 보는 사람에 따라서 다르게 느껴질 수 있다. "M이 W랑 진짜 잘되고 싶으면 당장 달려가야지!"라는 사람도 있고, "아무리 그래도 자정에 갑자기 전화해서는 데리러 오라는 건 좀……."이라고 할 수 있다. 이때 M은 자신의 상황에 맞게 판단하겠지만, 만약에 M이 양재와 한참 먼 의정부에 살며 W가 오늘 술 마실 예정이라는 언질도 한 번 없었던 데다가 평소에도 W가 자주 이런 부탁을 해 왔다면 M은 잘 생각해야 한다. 단순히 W의 얼굴이 예쁘다고 해서 그 외모에 매몰되어 "아 정말? 응! 당장 데리러 갈게!"라며 헐레벌떡 뛰어가는 모습을 보여 줘 버릇하면 당연히도 관계의 저울은 기울어질 수밖에 없다. 어떤 누구보다도, 나 자신의 시간과 가치를 가장 소중히 여길 줄 알아야 한다.

### 3) 화火

화를 내는 건 겉으로 볼 때 솔직한 감정 표현이고, 와락 화를 내고 나서는 시원한 느낌이 들기도 한다. 일종의 스트레스 해소 방법이라고 생각하는 사람도 다수다.

하지만 결론적으로 화라는 감정은 어떤 상황에서도 쓸모가 없다. 대화를 하다 의견 충돌이 생겼을 때 차분히 조율해 나가는 게 아니라 감정을 격앙시켜 화를 내면 그저 싸움만 나고 감정은 감정대로 더 상한다. 특히나 점잖게 화를 표현하는 것도 아닌, 아예 욕을 하거나 표정을 일그러뜨리며 '나 지금 열 받았어!'라며 감정을 적나라하게 드러내는 건 되려 자신의 약점을 노출하는 어리석은 행동이다. 조금만 건드려도 이성을 잃고 자신을 통제하지 못하는 사람은 조종하기 쉽기 때문이다.

여기서 사람들이 보통 누구에게 화를 내는가를 잘 생각해 보면, 별로 친하지 않은 남에게는 거리감을 두고 웬만하면 화 내지 않으려 조심하면서, 정작 사이가 가깝고 소중한 사람에게는 쉽게 분풀이를 하는 경향이 있다. 왜일까? 이 사람이 나에게 그만큼 소중하고 중요한 사람이라면, 가족, 연인, 절친이라면 더욱 화라는 감정을 통제하고 상냥하고 친절하게 대해야 하는데 말이다. 그 이유는 '내가 화 좀 내도 이해해 주겠지.'라는 은연중의 믿음이 있기 때문이다. 화를 어쩌다가 한 번 내게 되었는데, 상대방이 의외로 순순히 '미안하다.' '잘못했다.'는 자세로 나오면 당신은 의식하지 않더라도 '내가 화를 내도 얘는 크게 반발하지 않는구나.'라고 생각할 수 있다. 당신이 인성이 바른 사람이건, 현자건, 멍청이건 상관없다. 이런 무의식의 발현은 만인이 공평하게 드는 현상이다. 쉽게 말해 만만하게 본다는 말이다. 그러다 보면 당신은 그 사람에게 화를 또 내곤 한다.

그리고 그 대상은 많은 사람들이 그렇듯 잔소리하는 어머니, 혹은 참견쟁이 아버지가 되기도 된다. 물론 다른 사람이 될 수도 있지만, 주로 어머니와 아버지에게 곧잘 화를 내는 모습이 요즘엔 자주 보인다.

하지만 당신도 느껴 보았을 것이다. 불같이 화를 내고 방 문을 쾅 닫고 들어가면 후회가 물밀 듯이 밀려온다. '굳이 그렇게까지 말할 필요는 없었는데.' '실수로 너무 많이 화를 내 버렸어…….' 하고 말이다. 그렇다면 그 화를 감당한 상대방은 어떤 생각이 들까? 화를 주고받은 상황 자체가 일종의 정서적 갈등이며, 이러한 갈등은 필연적으로 많은 고민과 더불어 피로감을 불러온다. 동시에 '내가 존중받고 있는가?'라는 의심을 할 수밖에 없다. 좋던 관계도 다시 생각해 보게 되는 결정적인 계기가 된다는 말이다.

결론적으로 화를 낸다는 것은 당신에게도, 상대방에게도 좋은 영향이라고는 전혀 주지 못한다. 그저 잃는 것밖에 없다. 대신, 우리는 화가 나게 된 그 상황과 화가 났다는 자신의 감정에 대해서 담백하게 표현하는 연습을 해야 한다. 쉽게 말하면, 화를 세련되게 표현하자는 뜻이다. 물론 이는 쉽지 않다. 연습이 필요하다는 말 자체가 난이도가 있다는 뜻이니 말이다. 그러나 소중한 사람과의 관계를 오랫동안, 건강하게 계속 유지하고 싶다면 이러한 연습과 경험은 반드시 필요하다.

감이 잘 안 올 수 있으니 구체적인 예를 들어 보겠다. 스물다섯 살 직장인 여성 W는 어머니, 아버지와 함께 살고 있다. W는 보통 직장에서 퇴근하고 오면 몸이 녹초가 되어 방 정리를 제대로 하지 못하고 잠드는 경우가 많다. 그래서인지 W의 어머니는 딸의 방을 종종 대신 청소하기도 한다. W는 그런 어머니가 정말 고마우나, 어느 날은 화가 치밀어 올랐다. 분명히 침대 머리맡 탁자에 놔둔 연애편지 하나가 미묘하게 열려 있었기 때문이다. 게다가 남자친구와 찍은 인생네컷, 프로필 사진도 자꾸 위치가 달라져 있는 걸 보니 어머니는 W의 방을 단순히 청소만 하는 게 아니라 서랍 같은 것도 이따금씩 열어 보는 것 같았다. 여기서 불쾌함을 느낀 W는 어머니에게 두 가지 반응을 보일 수 있다. 첫 번째로는 "엄마, 왜 자꾸 내 서랍 열어 보고 뒤져 보고 그래? 엄마 2주일 전에는 탁자 위에 분홍색 편지도 열어 봤지? 왜 자꾸 남의 방 뒤지는데?"라며 쌍심지를 켜고 따져 물을 수 있고, 두 번째로는 "엄마, 내 방은 앞으로 내가 좀 더 신경 쓸 테니까, 딸 사생활도 조금 지켜 줄 거지? 그래도 방 청소 도와줘서 고마워."라며 차분히 생각을 전달할 수 있다. 어머니로서 딸이 둘 중에 어떻게 말해 주면 기분 상하지 않고 딸의 말을 수긍할까?

이처럼 화를 꼭 내야 할 상황이 아니라면, 불쾌한 감정을 되도록 빼고 차분히 의견만 전달하는 것이 소중한 사람들과의 관계를 망치지 않고 오랫동안 교감할 수 있는 현명한 방법이다.

2부

# 마인드 셋

## '마인드 셋' 챕터에 들어가며

마인드 셋 챕터에서는 인간관계뿐 아니라 자신의 감정 상태를 긍정적으로 유지하고 매력적인 사람이 되기 위해 가져야 할 덕목들, 습관들에 대해서 이야기한다. 제아무리 인간관계에서 능숙하다고 하더라도, 내실이 없는 사람이라면 그 관계를 오랫동안 유지하기 어렵다. 그렇기에 우리 안에 기본적으로 탑재된 나쁜 버릇이나 낮은 수준의 자존감 등을 개선할 필요가 있다.

사실 이러한 개선 방안을 알아내기 위해선 때로는 창피한 일을 겪으며 자존감이 깎여 보기도 하고, 반대로 어깨가 으쓱거리는 경험을 하면서 내면에 대해 고찰해야 한다. 또한, 시련이 닥쳐 방구석에서 1년을 처박혀 있어 보면서 폐인 생활에 대한 중요성과 장단점을 깨닫고, 집 밖으로 나와 마주하는 여러 가지 도전에서 패배하지 않고 이기는 방법도 알아내며, 여러 사람을 만나며 '나는 저러지 말아야지.'라고 반면교사 하기도 해야 한다.

여기에 그 구체적인 방법들이 들어 있다. 이밖에 뛰어난 성취를 이루기 위한 태도, 감정, 버려야 할 나쁜 습관, 사회적 힘의 중요성, 몰입의 효과, 인생을 바꾸는 작은 습관 등에 대해서도 상세하고 알아듣기 쉽게 서술해 놓았다. 그러니, 독자 여러분들은 이 책의 내용을 그대로 따르기만 해도 수년의 세월을 아끼고 훨씬 더 빠르게 근사한 사람이 될 수 있으리라 확신한다.

# 8 자존감이 도대체 뭔가?

한때 '자존감'에 관한 주제로 자기계발서와 유튜브 영상, 칼럼 등이 빗발쳤던 적이 있다. 그와 동시에 '힐링' 열풍이 불기도 했다. 자존감이라는 감정은 경쟁이 치열해진 현대 사회에서 매우 중요시되는 감정 중 하나가 되었고, 그에 따라 상처 입고 약해진 우리 마음을 달래기 위해 힐링이라는 개념이 대두된 것이다. 물론 자존감은 중요하다. 우리 인생에 있어 자존감이 부족하다면 매 순간순간이 괴로움의 연속일 것이며 매우 버거운 삶을 살 수밖에 없다. 그에 반해 자존감이 높은 사람들은 하루하루가 선물과 같은 날일 수밖에 없다.

그렇다면 조금 더 자세히 들어가 보자. 자존감이란 정확히 무얼 말하는 걸까? 사람들이 자존감에 대해서 자주 이야기를 하고, 자존감 부족에 대해서 힘든 점을 토로하곤 하는데 정작 자존감이 구체적으로 뭐냐는 질문을 해 보면 한결같이 답변이 비슷했다. "뭐, 말 그대로 자기를 존중하는 마음…… 뭐 그런 거 아닌가요?" 정도였다. 맞다. 정의는 그게 맞고, 이보다 조금 더 자세히 말하는 사람도 있었다. 하지만 아래 질문에 대해서는 아무도 제대로 된 답변을 한 적이 없었다.

"그래서 자존감이 높고 낮은지는 어떻게 정해지나요?"

자존감이 높은 사람, 자존감이 낮은 사람 등이 있다면 그 사람들은 어째서, 어떤 면을 보고 자존감이 높고, 낮다고 말할 수 있냐는 질문이다. '자존감이 어떻게 정해지는지 굳이 알아야 해?'라는 의문이 들 수 있다. 이에 답하자면, 자존감이 무엇인지 정확하게 알아야만 자존감을 높일 방법을 모색할 수 있기 때문이다. 이렇게 자존감을 단단히 구축해 놓으면 삶이 어려운 타이밍에 이 굳센 뿌리 하나를 붙들고 풍파를 견뎌 낼 수 있을 테니 자존감에 대해 고찰할 필요성은 충분하다. 많은 사람들이 말하는 자존감의 정도를 판단하는 기준으로 네 가지 예시가 있다.

① 기분 나쁜 말을 들었을 때 침착하게 대응할 수 있는가?

② 남들과 비교당했을 때도 어떠한 동요도 없이 허허 웃어넘길 수 있는가?

③ 내가 아주 잘생기거나, 공부를 특출나게 잘하거나, 어떠한 분야에서 전문가이거나, 돈이 많은 등, 자신의 어떤

'장점'이 커다랗게 자리 잡고 있는가?

④ 별다른 근거 없이 '나는 있는 그대로의 나를 사랑해!'라
는 마음이며 낙천적인 태도인가?


위 네 가지 예시들은 필자가 여러 사람들에게 직접 들었던 답
변이고, 그럴듯해 보이나, 반례가 너무 많다.

1, 2번은 너무 구체적인 상황에서만 자존감을 확인할 수 있
다. 답변을 위한 답변이란 말이다. 3번은 그저 이론상으로만
생각한 답변이다. 아주 잘생긴 사람이 자존감이 높다면 잘생기
고 예쁜 모 아이돌, 모 배우, 모 가수 등은 모두 무대 뒤에서도
하하 호호 매일매일 자신을 사랑하고 삶의 태도가 긍정적일
까? 웬만한 시련에도 쉽게 좌절하지 않을까? 전혀 그렇지 않
다. 그렇다면 공부를 특출나게 잘하는 사람이 자존감이 높다면
변호사, 의사들은 자존감에 대한 고민이 없을까? 돈이 많은 사
람은? 돈만 많으면 삶이 아주 아름답고 긍정적인 태도로 어떠
한 시련이나 비판에도 좌절하지 않던가? 뭐, 돈 많은 사람들이
그나마 자존감이 높을 수 있겠다 싶다. 돈이 많으려면 애초에
그만큼 살아온 인생을 부지런히, 그리고 긍정적으로 살아왔을
테니 말이다. 그러나 수십억 자산가들도 삶의 방향을 잃고 그
저 가진 건 '돈뿐인' 사람이 되는 경우를 볼 수 있을 것이다. 4
번의 경우는, 그런 사람을 본 적도 없고 만화에서나 있을 법한
사람을 답변으로 가져왔으니 넘어가도록 하자.

자존감이 낮아 벌어진 구체적인 반례를 들자니 입에 담기 거북한 비극적인 사례가 많기에 말을 아끼겠지만, 잠깐만 생각해 봐도 위와 같은 기준들은 자존감의 정도를 파악하기에 적절한 가늠좌가 되지 못한다. 그렇다면 자존감은 도대체 어떤 모습을 보고 높다, 낮다, 판단할 수 있는 걸까?

바로 '발전 가능성을 스스로 확신하는지?'를 보면 된다. 쉽게 말하면 내가 더 나은 사람이 되고 있다고 확신하는 사람이라면 자존감이 높은 것이고, 반대라면 낮은 것이다. 내가 더 나은 사람이 되고 있다고 확신하는 사람은 삶의 태도가 긍정적이며 어떠한 시련에서도 쉽게 좌절하지 않는다. 욕을 듣건 비교를 당하건 어떠한 상황에서도 늘 침착하고 고요한 사람도, 속에서는 '내가 지금 잘하고 있는 건가?'라는 의심이 드는 순간 삶의 방향이 흔들릴 수 있다. 아무리 잘생긴 사람도, 공부를 잘하는 사람도, 어떠한 분야의 전문가인 사람도, 돈이 많은 사람도 '내가 지금도 더 나은 사람이 되고 있나?'라는 의문이 들면서 우울함을 느끼는 경우는 비일비재하다. 아무리 가진 게 많더라도 자신의 가치가 정체되어 있거나 퇴보하고 있다는 느낌이 든다면, 자존감이 높다고 할 수 없다. '더 나은 사람'이 구체적으로 어떤 사람이냐고 묻는다면 이렇게 답할 수 있다.

① 어제의 자신보다 더 매력적인 사람. (매력의 요소)
② 어제의 자신보다 더 건강한 사람. (건강의 요소)

③ 어제의 자신보다 더 경제적으로 풍족한 사람. (부의 요소)

④ 어제의 자신보다 더 긍정적인 사람. (감정의 요소)

이 네 가지 요소가 대표적으로 사람들이 발전시키고 싶어 하는 점이니 각각 따져 보면 어디에서 나의 자존감이 새어 나가고 있는지 알아챌 수 있다. 이외에 어제의 자신보다 말을 더 잘하거나, 축구를 더 잘하거나, 노래를 더 잘 부르거나, 공부를 더 잘하거나, 연애를 더 잘하거나 하는 점을 확신하며 이 목표들을 위해 삶을 열심히 살아 나가는 사람들은 자존감이 높다. 부족한 점을 채우고, 장점은 더욱 키우려고 노력하는가를 보면 되는 것이다. 반면에 아무리 잘생기고 공부도 잘하며 돈도 많다 해도, 제 미래 모습을 긍정적으로 보지 못한다면 겉으로는 자신감 있는 모습일지언정 속으로는 자존감이 낮을 수밖에 없다.

삶의 방향이 항상 발전을 향하고 있는가? 이 질문을 거듭하며 자가점검을 한다면 앞으로 많은 일들을 겪으며 느낄 슬픔, 우울함, 괴로움 등을 슬기롭게 이겨 내며 긍정적인 태도로 삶을 살아 나가는 데에 큰 도움이 될 것이다. 그러한 시련들조차도 자신의 삶에 긍정적인 양분이 되리라는 마인드를 가진 자는 그 어떤 누구도 꺾을 수 없는 단단한 사람이다.

건강한 마인드 셋의 근본인 자존감에 대해서 알았으니, 다음 글에서 이야기하는 내용들을 빠르게 받아들일 수 있을 것이다.

# 8 자존감 높은 사람 특징 세 가지

## 1) 해결책을 가장 먼저 생각한다

첫 번째 특징은 바로, 문제가 발생하면 해결책부터 생각한다는 점이다.

예를 들어 보자. 카페 아르바이트를 하는 현규가 아메리카노 커피를 '투 샷'으로 해 달라는 주문을 받았다. 현규는 잠시 딴 생각을 하다가 실수로 '원 샷'만 넣어 버렸고, 손님이 아메리카노를 받아 맛을 보고는 다시 와서 이렇게 말한다.

"이거 투 샷 맞아요? 너무 연한데요?"

그 말을 듣고 나서야 현규는 자신이 실수했다는 걸 깨달았다. 심지어 이러한 실수는 처음이 아닌 두세 번 정도 이미 했던 실수였다. 평소에 현규는 자신이 맡은 업무에 제대로 집중하지 않은 것이다. 손님에게서 불만을 들은 현규는 다시 투 샷으로 아메리카노를 만들어 제공한다. 손님에게 한 소리를 들었고, 쓸데없이 가게의 원두를 낭비한 셈이 되었다. 아마 사장님에게 이 소식이 들린다면 꾸중을 들을 수도 있다. 이는 손님에게도, 카페 사장님에게도, 자신에게도 손해가 되는 상황이다. 이때 현규는 자존감이 낮은지 높은지에 따라 다른 반응을 보일 것이다. 자존감이 낮은 현규라면 이렇게 생각하지 않을까.

'또 실수했네. 나 진짜 왜 이러지? 미쳤나? 꼭 한 소리를 들어야 정신을 차리나?'

이처럼 작은 실수를 자책하는 형식으로 받아들이게 되면 많은 것이 좋지 않게 흘러간다. 카페 아르바이트생 현규는 어떤 생각을 이어서 할까? 여러 가지 경우가 있겠지만, 아래의 경우가 있을 것이다.


'나는 커피 주문 하나도 제대로 못 받네.'

→ '앞으로 또 이렇게 실수하면 어떡하지?'

→ '이런 것도 자꾸 실수하는데 나중에 취직을 한다 해도 제대로 일 할 수 있을까…….'

→ '난 왜 이 모양이지? 언제부터 이랬지? 애초에 머리가 나쁜가?'

→ 자기 의심

→ 악순환

계속해서 자신에 대한 의문을 가지고 그와 동시에 자존감도 더 낮아지면서 커피 주문을 잘못 받은 자그마한 실수가 자신의 존재가치와 미래에 대한 의심이라는 커다란 문제로 비화한다. 이러한 사고 흐름은 생각보다 많은 사람들이 겪는 과정이기도 하다. 만약 현규가 자존감이 높은 친구였다면 같은 상황에서 어떻게 생각할까? 아주 간단하다.

'아, 또 실수했네. 진짜 고쳐야겠는데, 다시 실수 안 하려면 어떻게 해야 하지?'
→ '주문을 받을 때 메모장에 그대로 받아 적으면 되겠다.'
→ 문제 해결

끝이다. 자존감이 높은 현규는 자신의 실수에 대해서 커다랗게 해석하거나 많은 생각을 하면서 시간 낭비하지 않는다. 그저 해결책을 생각한다. 자존감이 높다면 문제가 발생했을 때, 여타 자신에 대한 필요성을 의심하거나 감정이 가라앉는 일이 없다는 말이다.

이 뒤에 자존감이 높은 현규는 어떻게 발전할까? 메모장에 주문을 받아 적음으로써 실수를 안 하게 되어 자신의 실수를 하나씩 줄여 나갈 것이며, 어떤 문제가 생겨도 제 스스로 그를 해결할 수 있다는 확신을 갖게 되어 다른 문제나 일에서도 성과를 보이며 선순환을 나타낼 것이다. 간단한 예시만으로 봐도 자존감이 높고 낮은 사람이 살아갈 앞으로의 인생은 시간이 갈수록 달라질 터이다. 다르게 말하면 자존감이 낮다면 점점 더 불행하고, 자존감이 높다면 점점 더 만족스러운 삶을 살게 된다.

## 2) 운동, 독서, 취미 활동을 한다

두 번째 특징은 운동이나 독서 혹은 취미 활동에 시간을 할애한다는 점이다.

먼저 운동이 자존감에 어떤 영향을 주는지 살펴보자.

대부분 자존감이 높은 사람들은 아침 일찍이든, 퇴근 후든, 기본적으로 몸매와 신체적인 건강을 가꾸려 노력했다. 그렇다고 해서 그들 모두가 보디빌더 대회에 출전할 목표를 두고 운동을 하루 두세 시간씩 주 6, 7회씩 하지는 않지만, 기본적으로 남자는 탄탄한 몸을 소유하고, 여자는 날씬한 경우가 대부분이다.

어째서일까? 어째서 자존감이 높은 사람들은 몸이 대체로 잘 관리되어 있을까? 그게 아니면 반대로 몸이 관리되어 있기에 자존감이 높은 걸까? 이는 둘 다가 맞기도 하지만, 정확히 말하면 '자존감이 높기에 몸을 관리하는 것'이 더욱 정답에 가깝다고 볼 수 있다. 자존감이 높은 사람들은 자기 자신을 존중하는 감정이 크기에 자신을 먼저 아끼고 돌볼 줄 안다. 그렇다면 당연히도 이 세상에 실존하고 우리를 있게 만드는 '육체'를 소중히 생각하고 관리해 주어야 한다고 생각한다. 신체가 건강해야 정신이 맑게 유지되고, 그래야만 그들의 과업을 달성하는 데에 지장이 없다. 그 밖에 운동은 우리 몸에 필요한 호르몬 생성에 도움 되고, 면역력 향상을 도와 질병에 걸릴 일이 줄어든다. 물론 미용의 목적도 크지만, 운동을 어느 정도 해 본 사람들은 느낄 것이다. 운동의 진짜 목적은 남들의 시선을 의식해서가 아니라, 나 자신을 위해서라는 것을 말이다.

그 다음으로 독서와 자존감은 무슨 상관관계일까? 한번 살펴보자.

글을 접하는 건 현대인이라면 피할 수 없는 활동이다. 그리고 자존감이 높은 사람들은 자기계발에 관심이 많으며, 자기계발의 정수는 바로 앞서 말한 운동과 더불어, '독서'다. 독서라는 활동은 시간적, 물질적 비용을 가장 적게 들이면서 가장 큰 효과를 볼 수 있는 일종의 치트키다. 이는 앉을 바닥과 불빛만 있으면 언제 어디서든 할 수 있다. 책의 내용이 자기계발서가 되었건, 에세이가 되었건, 소설이 되었건, 잘 만들어진 책을 읽는 건 두뇌에 건강한 자극이 되어 지능과 인사이트를 채워준다.

그리고 무엇보다도 책이라는 결과물이 나오기까지 얼마나 많은 사람들의 고민과 노력, 그리고 수정과정이 필요한지 아는 사람이라면 독서를 즐길 수밖에 없다. 그저 눈만 떠 읽으면 누군가의 값진 지혜와 노하우가 머릿속에 들어오는데, 이 얼마나 커다란 이득인가? 자신이 하루하루 더 나아지고 있음을 확신한다면 자존감이 높은 것이라 앞선 글에서 말한 바 있다. 그 자기 발전의 가장 쉬운 방법이 독서이니, 독서하는 이들은 자존감이 높을 수밖에 없다.

마지막으로 확실한 취미 활동이 있는 사람들이 왜 자존감이 높은지도 알아보자.

필자는 워커홀릭이 아니고, 워커홀릭인 사람들을 보고 있자면 매우 염려스럽다. 자신의 일을 좋아하는 사람과 일을 자신처럼 여기는 사람은 엄연히 다르다. 일에 미쳐서 오로지 일만 계속하고, 쉬는 시간에도 일 생각만 하는 사람은 건강해 보이지 않기 때문이다.

그런데 종종 어떤 이들이 "일에 미쳐라! 자연스레 스펙이 쌓여 자존감이 높아질 것이다!"라고 말한다. 다시 한번 말하지만, 자신의 일을 좋아하는 것과 일을 자신처럼 여기는 것은 철저히 다른 말이다. 일에 미쳐서 살면 자신의 커리어가 쌓이기야 하겠지만, 그렇게 단 몇 년만 지속하면 사람인 이상 지치지 않을 수 없다. 흔히들 말하는 번아웃이 오는 것이다. 뒤에서도 말하겠지만, 업적을 이루고 일에 능숙해지기 위해선 폭발력보다는 지속성이 훨씬 중요하다. 업적을 이루어 자존감을 올리겠답시고 자신보다 일을 더 사랑하게 되면 반드시 지치게 되어 있다.

일을 꾸준히 지치지 않고 해내며, 자존감도 높은 사람들은 대부분 자신만의 취미 활동이 있다. 그들은 자신의 일과 삶의 밸런스, 즉 워라밸을 지킬 줄 안다. "돈 벌고 싶으면 워라밸은 개나 줘라!"라는 말로 워커홀릭을 조장하는 유튜브 영상이나 칼럼을 보다 보면 고개가 절로 저어진다. 워라밸은 반드시 지켜져야 한다. '일'에서 느끼는 즐거움과, 목적이나 성과의 부담 없이 즐기기만 할 수 있는 '취미 활동'에서 오는 즐거움은 완전히 다르기 때문이다.

필자의 경우는 음악 제작을 취미로 하고 있다. 업무를 마치고 집에 돌아와 하는 일은 피곤에 절어 침대에 드러눕는 것이 아니다. 그저 즐거운 마음으로 작·편곡을 하여 노래를 만든다. 얼마나 즐거운지 6시에 집에 와서 10시까지 시간 가는 줄 모르고 작업을 하다가 잠에 든다. 그러고 나면 몸은 조금 피곤하지만 확연히 드는 감정이 있다. '나는 살아 있다!'라는 활기다. 아무런 목적도, 부담도 없이 즐길 수 있는 취미 생활은 당신의 삶을 오래도록 따뜻하게 만들 것이다.

## 3) 자존감 같은 것에 관심이 없다

현재 자존감에 대해서 이야기를 하고 글을 쓰고 있는 와중이긴 하지만, 자존감이란 주제로 이야기를 갈 데까지 하다 보면 결론적으로 나오는 진리가 있다. 바로 자존감은 허상이라는 것이다. 그러니 자존감을 올리고 싶다면, 자존감 자체에 신경을 아예 꺼 버려야 한다. 이 사실을 알아야 역설적으로 자존감을 효과적으로 올릴 수 있다.

대체 무슨 말이냐 물을 수 있다. 하지만 이는 비단 자존감뿐만 아니라 다른 주제에서도 적용되는 진리이다. 자신감을 얻고 싶다면, 자신감을 올리려 무작정 자신감이 있는 사람처럼 흉내 내고 위풍당당 걸어 다니는 게 아니라 자신의 몸과 외모를 가꾸고, 좋은 책을 읽으며 지능을 올리고, 아침 일찍 일어나 좋은 음식으로 끼니를 해결하는 것부터 해야 한다. PPT 발표를 잘하고 싶다면, PPT 발표를 잘하고 싶다는 생각을 자꾸 하면서 '긴장하지 않아야지, 긴장하지 않아야지.'라며 자기 최면을 걸 게 아니라 PPT 발표의 내용을 더욱 철저히 숙지하고 키워드들의 순서를 외워 흐름이 끊기지 않게 해야 한다. 쉽게 말해서, 목표 자체를 되뇌기보다 목표를 이루기 위한 '방법'을 실천하는 데에 신경 써야 한다는 말이다.

그러므로 자존감이 낮다면 "당신은 그대로 너무 멋지다." "있는 그대로 자신을 사랑하라." 등의 힐링 힐링한 콘텐츠와 서적, 영상을 보며 자기 위안을 할 게 아니라 자신이 모자란 점을 채우고 잘하는 점은 더욱 강화하는 식으로 실제적인 변화를 만들어야 한다. 자존감이 부족하다는 게 문제가 아니라, 발전의 필요성을 인식하지 못하고 행동하지 않는다는 게 진짜 문제인 것이다. 그러므로 자존감이라는 것은 사실상 있으나 마나 한 유명무실한 존재, 즉 허상이어도 별 상관없다는 결론이

나온다. 앞선 글에서 말했듯, 자기 발전이 전부다.

자존감이 굉장히 높아 보였던 어떠한 지인과 나눴던 대화 하나가 떠오른다. 한 모임에서 만난 그 남자는 말 한마디 한마디에 자신감이 넘쳐 보였고, 실제로 이룬 업적도 많았다. 그렇다고 재수가 없다고 하기에는 인성도 좋고 유머러스하여 남자가 봐도 멋있는 사람이었다. 그래서 필자가 한 번 물어보았다.

"○○ 씨는 자존감이 되게 높아 보이는데, 어떻게 자존감을 높였어요?"

그가 꺼낸 대답은 상당히 충격적이었다.

"자존감⋯⋯? 저 자존감 높아 보여요? 글쎄, 그냥 열심히 살았던 것 같은데. 근데 뭘 자존감이라고 하더라⋯⋯?"

자존감이 높은 사람은 '자존감을 높이는 방법'과 같은 주제를 다룬 콘텐츠를 찾아볼 시간이 없다. 왜냐하면 그들은 자신의 일을 하고, 업적을 이루고, 취미 활동을 즐기느라 정신없기 때문이다. 그 남자의 대답을 듣고 난 뒤로 필자는 자존감에 대한 모든 신경을 껐다. 그리고 오로지 실질적인 능력을 계발하고 값진 경험을 쌓는 데에 최선을 다했다.

이렇게 자존감 높은 사람들의 특징 세 가지를 알아보았다. 앞서 말했다시피, 자존감이 진정으로 높은 사람들은 자존감 따위에 신경 쓰지 않는다. 그저 현실을 더욱 풍부하고 즐겁게 만들며 목표를 성취하는 데에 관심 있을 뿐이다. 애초에 자존감이라는 개념은 궁극적으로 당신의 삶을 행복하고 성공적으로 만들기 위한 수단이기 때문이다. 자존감을 위한 자존감은 중요하지 않다.

# 8 방구석에 처박혀야 성공하는 이유

성공하는 사람들은 대부분 외향적이다. 여기서 말하는 '성공'의 기준은 경제적, 사회적, 심리적 안정과 부흥을 말한다. 쉽게 말해 가질 것은 다 가진 사람들은 보통 외향적이고, 밖에 나가서 활동을 하며, 사람들을 만나고 소통한다는 특징이 있다. 그래서 많은 책과 영상매체 등에서 말한다. "성공하려면 밖에 나가라!" "일단 부딪혀라!" "사람을 만나라!"라고 말이다. 물론 맞는 말이다.

하지만 잊지 말아야 하는 점이 있다. 밖으로 나가기 전, 반드시 '방구석에 처박히는 시간'을 가져야 한다는 것이다. 그래야만 비로소 세상 밖으로 나갔을 때 성공할 확률이 급진적으로 커진다. 방구석에 처박히는 시간은 쉽게 말해 폐관 수련이라 할 수 있다. 만족스럽지 못한 삶을 사는 자신을 비판하고, 자책하고, 괴로워하고, 슬퍼하고, 우울해하는 시간. 그래서 필요한 정보를 찾아보고, 공부하고, 연구하고, 고뇌하고, 준비하는 시간을 꼭 가져야만 한다. 어째서 이러한 과정을 거쳐야 하는 걸까?

첫 번째 이유로, 폐관 수련을 경험한 사람은 바깥에서 지내는 시간의 고마움을 훨씬 더 크게 느낄 수 있다.

흑이 있어야 백이 있고, 내향적임이 있어야 외향적임이 있다. 진정으로 자신의 삶을 변화하고 싶은 사람들은 자신의 삶이 얼마나 시궁창이고 보잘것없는지 스스로 자각할 필요가 있다. 그래야 반짝반짝 빛나고 성공적인 삶을 사는 사람들을 진정으로 동경하고 그 삶을 원하고 쟁취하려는 욕구가 생긴다. 꼭 누군가와 자신의 처지를 비교하라는 말이 아니라, 이상향을 정할 필요가 있다는 의미이다. 그렇게 방구석에서 한두 달만 푹 익었다가 밖으로 나와서 사람들을 만나고, 맑은 공기를 마시고, 다양한 자극을 받아 보라. 회사에 출근할 때나 그냥 뭐사 먹으러 나갈 때 감흥 없이 마주하던 그 세상이 아닐 것이다. 바깥세상은 훨씬 더 싱그럽고, 생동감 넘치며, 살아 있는, 그야말로 신세계일 것이다. 소통하고 교류하는 삶이 얼마나 감사하고 축복받은 삶인지 그때 비로소 알 수 있다.

두 번째 이유로, 폐관 수련 기간 동안 자신이 이루고자 하는 영역에서 필요한 최소한의 지식을 쌓고 여러 변수에 대처할 준비를 할 수 있다. 소설가가 되고 싶다면 소설을 무작정 쓸 게 아니라 많은 소설들을 읽으며 체내화하는 과정이 필요하다. 쉽게 말해, 인풋Input을 먼저 해야 한다.

한데, 요즘 트렌드는 바로 'Just Do It!'이다. 그냥 아웃풋부터 하라는 이야기이다. 어찌 보면 맞는 말이다. 그냥 밖으로 바로 나가서 부딪혀 보는 게 더 나을 수도 있다.

하지만 대다수의 경우 고난과 역경에 부딪혀 가면서 무언가를 깨우칠 만큼 멘탈이 강하고 단단하지 못하다. 세게 부딪히면 깨져 버린다. 내상이 너무 심하다는 말이다. 당신은 그 내상을 입지 않기 위한 방법, 내상을 입을 수밖에 없는 상황에서 내상을 최소화하는 방법, 심각한 내상을 입었다면 내상을 치료하는 방법, 더 효과적으로 부딪히고 배우는 방법 등을 미리 알고 난 다음에 실전으로 나가야 한다. 필수적인 인풋을 한 다음에 실행에 옮겨야만 질 좋은 아웃풋을 만들어 낼 수 있을 것이다. 특히 초기 투자금이 많이 들어가는 사업이나, 한 번 시작하면 장시간 투자시간을 들여야 하는 시험 공부, 부동산 투자 등, 낙장불입일 수밖에 없는 상황에 돌입하기 전에 충분한 준비과정이 필요하다. 너무 당연한 말을 하고 있다 생각될지라도, 굉장히 많은 사람들이 그저 귀찮고 번거롭다는 이유로 사전 정보 수집을 등한시한다. '이 정도면 많이 알아본 것 같은데?'라며 위험부담을 감수하고 일에 뛰어드는 경우가 종종 있다.

물론, 이러한 기간을 일부러 너무 길게 가지려 할 필요는 없다. 방구석에 있는 기간이 너무 길어지면 우울증이나 정신적인 문제가 생길 수 있고, 신체적으로도 취약해질 수 있다. 필자가 추천하는 방구석 생활은 한 달에서 두 달, 길면 석 달이다. 그 정도 기간 동안 최대한 많은 책과 영상매체, 지식과 지혜, 작업물을 쌓고 밖으로 나가라. 축복은 준비된 자에게 따른다. 이별을 했다면 이별을 충분히 슬퍼해야 새로운 인연이 왔을 때 더욱 현명한 연애를 할 수 있는 법이고, 뛰어오르려면 무릎을 충분히 굽혀야 높이 도약할 수 있는 법이다.

# 8 어떤 상황에서도 이기는 단 한 가지 방법

삶은 도전과 고통의 연속이다. 필자의 경우 '연속'이라는 말은 지금 원고를 쓰기 위해 타자를 치고 있는 이 순간과 그다음 순간까지도 모두 포함한다. 매초가 도전이고, 고통이다. 많은 작가들이 때론 허리가 좋지 않아 장시간 앉아 있는 것이 어렵지만, 오늘도 하나의 원고를 쓰기 위해 1초, 1초를 사용하며 앉아서 타자를 두드린다. 그냥 오늘은 쉬고 내일 써도 되지 않을까, 유혹이 들지만 어떻게든 참아 내고 꾸역꾸역 쓴다.

직장인들은 아침에 일어나기 정말 미친 듯이 싫고, 딱 한 시간만 더 자고 싶지만 결국 참고 일어나서 출근을 한다. NBA 농구선수들은 농구가 아닌 웨이트 훈련 역시도 필수적으로 하는데, 이 활동이 지루하고 재미없지만, 꾹 참아 내고 무게를 든다고 한다. 프리랜서들은 오늘 하루 작업량이 있다는 걸 알면서도 지금 당장 시작하기가 쉽지 않다. 잠깐 미뤄도 확연히 티가 나는 게 아니기 때문이다. 하지만 오늘 걷지 않으면 내일 뛰어야 한다는 걸 알기에 컴퓨터를 켠다.

무언가를 이루어 내고, 제 삶을 스스로 견인하기 위해서는 도전과 고통을 감수하고 어떻게든 일을 해야 한다. 어려운 상황을 이겨 내야 한다. 그게 인간이자 현대인의 숙명이다. 그렇다면 우리가 생각해야 하는 건 다른 게 아니다. 이왕 마주할 고통이기에 그 고통을 조금이라도 줄이고 조금 더 쉽게 일을 해결하는 방법을 알아야 한다. 더 효율적으로 도전과 고통의 싸움에서 '이기는' 방법을 알아야 한다. 여기에는 딱 한 가지 방법이 있다. 당신이 이 글을 읽는 동안에도 머릿속으로 연습할 수 있는 방법으로, '생각하지 않기'이다.

생각이라는 정신적 행위는 인간이기에 해야 하고, 할 수밖에 없는 활동이다. 하지만 이 생각이라는 건 그야말로 과유불급이다. 적당한 사고 과정을 거쳐서 합리적인 판단을 내리는 것이야 당연히 좋은 과정이지만, 사고, 즉 생각의 시간이 길어지면 결정을 내리고 행동하는 데에 오히려 큰 걸림돌이 된다.

예를 들어 이런 상황이 있다고 가정해 보자. 20대의 젊은 남자인 당신이 친구를 만나러 길을 걸어가는 와중에 어떤 여자가 마주 오고 있는 걸 보았다. 그런데 당신은 보자마자 칼에 찔린 듯이 직감했다. '저 여자는 완전 내 이상형이다.'라는 것을 말이다. 그렇다면 당신이 취해야 하는 행동이 무엇인가? 하늘

이 내려 준 기회일지도 모를 이 순간을 그냥 지나쳐 보낼 것인가? 아니면 여자에게 다가가 말이라도 걸어 서로 친해질 수 있는 일말의 가능성이라도 만들어 낼 것인가? 필자라면 후자를 택하겠다. 아마 많은 남자들이 이러한 상황에서 후자를 택하고 '싶을' 것이다.

하지만 100명 중 98명은 그러지 못하고 그냥 지나친다. 그리고 당신의 완벽한 이상형은 다시는 당신 앞에 나타날 일이 없다. 어째서 98명은 그냥 지나치는 선택을 했을까? 그 이유는 바로, '생각을 했기' 때문이다. 이상형을 보고 당신은 여러 생각을 했을 것이다. '와, 완전 내 이상형이다.' 혹은 '말이라도 걸어 볼까?' '바쁘게 걸어가는 걸 보니 말 걸어도 무시할 것 같은데.' '근데 표정이 좀 안 좋으신데…….' '갑자기 말 걸면 이상한 사람으로 오해하지 않을까?' '사람들이 쳐다볼 텐데…….' 등등. 참으로 여러 가지 생각을 무수히도 많이 한다. 이 생각들, 잡념들이 당신에게 가져오는 결과는 뭔가? 한 가지밖에 없다. '말을 걸지 않는 결과'뿐이다. 아무런 일이 일어나지 않는다는 것이다. 말을 걸어야 이 사람의 연락처를 받든가, 아니면 남자 친구가 있어서 어렵겠다는 거절을 받든가 할 것 아닌가? 일말의 가능성을 만들어 낼 수 있었음에도 대부분의 남자는 0%의 가능성을 택한다. 사람들의 시선, 과도한 자의식, 부끄러움…… 이러한 도전을 정면으로 맞서 이겨 내지 않고 회피한 것이다.

결단이 필요한 상황에서는 너무 많은 생각을 하지 마라. 당신이 A와 B 중 하나를 고르는 선택의 기로에 섰고, A를 선택하는 것이 이롭다는 것을 본능적으로든, 후천적으로든 알고 있다면 그것을 택하기 까지 3초 이상 할애하지 마라. 아침에 일어나기 싫은가? 한 시간만 더 자고 싶은가? '아 어제 잠을 좀 설쳤는데.' '아 오늘따라 좀 피곤한데.' 등등 온갖 잡생각이 드는가? 그렇게 생각이 많이 든다면 딱 3초만 하라. 하지 말란 말이 아니다. 잡생각, 번뇌, 고뇌는 지금 당장 끊어 내겠다고 해서 멈출 수 있는 것이 아님을 필자도 당연히 알고 있다. 그러니 그 번뇌의 시간을 딱 3초로 제한하라는 말이다. 더 이상의 '하지 말아야 할 이유'가 만들어질 틈을 주지 않아야 한다.

생각을 줄이고, 곧바로 행동으로 옮기는 연습은 너무나도 중요하다. 이러한 습관은 당신이 하는 일에서 높은 수준의 성과를 가져올 것이며, 당신이 남자든 여자든 꿈꾸던 이성을 만날 수 있게 해 줄 것이다. 물론 결단은 어렵다. 하지만 인생의 모든 일이 쉽기만 하다면 뭐가 재밌을까? 귀찮음, 피곤함, 하기 싫음, 저항감, 부끄러움, 창피함과 같은 것들을 매일매일 깨부수는 사람이 결국 성공하여 만족스러운 삶을 누리는 것이다.

# 8 인생을 엑스트라처럼 살지 않는 법

영화나 드라마, 만화, 애니메이션 등등. 대부분의 문화 콘텐츠에 등장하는 멋있는 주인공을 잘 들여다보면 보이는 공통점이 한 가지 있다. 그들은 입을 가볍게 놀리지 않는다. 그들은 남을 웃기거나 애교, 잔망을 떠는 데에 집중하며 상대의 리액션을 갈구하지 않는다. 다만 세상에 혼자 남겨져도 꿋꿋이 살아 나갈 수 있을 것처럼 굳세고 강인하다. 우직하다. 물론 어떨 때는 유머 감각을 발휘하기는 하지만, 적어도 천박하고 값싸게 굴지는 않는다.

한데, 그 멋있는 주인공들을 스쳐 지나가는 엑스트라 3, 4, 혹은 악역을 맡은 캐릭터들은 어떤가? 주인공을 시기하고, 질투하거나 주인공의 관심을 필요로 하여 입을 가볍게 놀리며 시선을 끌고자 하거나 의지한다. 주인공이 가진 걸 탐내며 빼앗으려 든다. 녀석들은 비겁하고, 약삭빠르며, 비호감에다가 말이 많고, 이기적이다. 왜일까? 그 엑스트라들은 어째서 주인공이 아닌 엑스트라라는 역할로 배정되게 된 것일까? 이유는 아주 단순하다. 그들에게는 일말의 무게감이 없기 때문이다. 엑스트라가 주인공에 상응하는 멋있음과 무게감, 의지력을 갖추고 있으면 그 캐릭터는 더 이상 엑스트라가 아니다. 적어도 주·조연급이다. 모든 이들이 바라고 선망하는 관심의 대상이 된다는 뜻이다.

이제 문화 콘텐츠들이 아닌 현실로 시선을 돌려 보자. 우리가 살고 있는 현실은 그런 비현실적인 만화와 영화 속 세상과 다르지 않냐고 반문할 수 있다. 하지만 잘 생각해 보자. 문화 콘텐츠들은 현실에서 대다수의 사람들이 바라고 이상향으로 삼는 캐릭터를 주인공으로 만든다. 그렇기 때문에 어떨 때는 영화가 현실보다 더 현실 같을 때도 있다. 예외가 있을지언정 그런 콘텐츠들에서 배울 게 없다는 반문은 완전히 잘못된 말이란 뜻이다.

사람들의 관심을 받고, 사랑을 받고, 모두가 부러워하는 유명인들을 떠올려 보자. 꼭 유명인이 아니더라도 당신이 다녔던 고등학교에서 가장 잘 나가는 녀석, 학생들이 가장 궁금해하고 친해지고 싶어 하는 학생, 회사에서라면 인기가 가장 좋은 직원을 떠올려 보라. 그들은 모두 적당한 무게감과 신중함이 있으며, 결정적으로 입을 함부로 놀리지 않는다. 사람을 얻고, 매력적이며, 항상 풍족한 인적·경제적·감정적 자원이 있는 사람들은 자신의 삶에서 '말'에 관한 중요성을 알고 있기에 입을 함부로 놀리지 않는다. 값잖은 유머를 남발하거나, 웃기려고 옆에 있는 사람을 비하하며 웃음거리로 만들지 않으며, 사소한 문제에 불평불만 하지 않는다. 시끄럽게 떠들어 대지 않는다. 그들은 조용히 그들의 할 일을 하되, 필요할 때 적절한 말을 던지며 가끔 유머러스한 농담을 적재적소에 활용하며 센스 있다는 말을 듣는다.

학교를 다니고, 회사를 다니고, 사회에서 여러 사람들을 만나다 보면 참 별로인 사람들을 많이 만난다. '주인공'처럼 멋지고 선한 영향력을 끼치는 사람보다는 그저 주인공의 주위를 서성이다가 퇴장하는 '엑스트라'들이 훨씬 더 많은 게 현실이다. 그들의 특징은 한결같이 가벼운 입을 가졌다는 점이다.

우리는 이 세상에 처음이자 마지막으로 태어나 억겁의 역사 속에서 찰나를 살다 작은 이름만을 남기고 사라진다. 그렇다면 적어도 엑스트라가 아닌 주인공이란 배역으로서 기억되어야 하지 않을까?

# 8 빠르게 전문가가 되는
가장 효과적인 방법

열심히 한다는 말에는 묘하게 땀방울 몇 개가 스며들어 있는 것만 같다. 잘 되기 위해 밤잠을 줄여 가고, 자투리 시간에 해당 분야에 대한 정보를 찾아보고, 어떻게든 성과를 이루어야 한다는 일념으로 정신을 집중한다. 하지만 어떤 분야에서 눈에 띌 만한 성취를 이룬 사람들은 알고 있는 불변의 법칙이 있다. '살아남은 자가 강한 자'라는 것이다.

일정 수준 이상의 전문가가 되려면 열정 같은 뜨거운 감정은 그렇게 중요하지 않다. 정말로 생각해야 하는 점은 바로 '지속성'이다. 열심히, 최선을 다해, 온 신경을 집중해서 골몰 한다는 건 반대로 말하면 금방 지칠 가능성도 높다는 의미다.

열심히 하려 하기보다는 꾸준히 하려 노력해야 한다. 수학을 잘하고 싶다면, 하루 동안 수학 문제 백 문제를 푸는 것보다 열

흘 동안 매일 열 문제씩 풀며 뇌가 해당 분야에 대해 익숙해지고 생각을 정리할 시간을 줘야 한다. 웹소설 작가 지망생이라면 하루 동안 다섯 편을 몰아서 쓰는 것보다 5일간 하루 한 편씩 쓰면서 천천히, 깊게 생각을 하며 꾸준히 해야 더 빨리 데뷔할 수 있다. 그리고 이렇게 일을 쪼개려면 당연하게도 일정을 계획하고 오늘과 내일, 내일모레를 착실히 살아가야 한다. 다시 말해 너무 열심히 하려 하기보다, 천천히 그리고 우직하게 할 일을 해 나가야 한다는 말이다. '열심히'와 '꾸준히'를 모두 겪어 본 사람은 알고 있다. 열심히보다도 꾸준히 하는 게 어려운 일인지 말이다. 그렇기에 한 분야의 전문가는 아무나 될 수 없다.

우리는 하루 이틀만 살고 죽을 날파리가 아니다. 적어도 80년을 살며 여러 가지 업적과 성취를 이루기도, 행복의 감정을 느끼기도 하면서 길게 길게 삶을 이어 가야 한다. 그렇기에 너무 확 타오르고 사그라드는 불꽃이 되기보다, 천천히 달아오른 뒤 쉽사리 식지 않는 온돌과 같은 사람이 되는 것이 더욱 현명한 삶의 방식일 것이다.

# 8 인생의 치트키, 긍정 마인드를 갖추는 세 가지 방법

우리는 긍정적이어야 한다. 여기서 '긍정적'의 뜻은 심리적으로 평온하며 쉽게 좌절하지 않는 상태를 말한다. 이러한 분위기를 뿜어내는 사람의 곁에는 항상 그를 좋아하는 사람이 있고, 스스로도 삶에 대한 만족감이 크다. 이는 이미 수많은 사람들이 몸으로 체감하는 사실이자 진리다.

그러므로 우리는 긍정적이어야 한다. 회사에서 상사한테 된통 깨져도 툭툭 털고 다음 일을 할 수 있어야 하고, 퇴근길에 하차역을 하나 지나쳐 귀가 시간이 늦어져도 그게 오히려 행운이 되지 않을까 하는 낙천적인 멘탈을 갖춰야 한다. 어떠한 고통이나 불쾌함도 다른 시각으로 바라보며 기회로 만들 줄 알아야 한다. 그렇다면 이 긍정적 마인드를 가지는 데에 도움이 되는 특별한 비법이 있을까? 여기에 있다.

## 1) 돌발 선물

돌발 선물이란 고마운 사람에게 마음을 담은 선물을 예상치 못하게 주는 행위를 말한다. 이런다고 내 멘탈이 긍정적으로 바뀔까? 고작 선물 한 번 한다고? 선물을 준다는 것 자체에 대한 의미부터 알아야 이 방법이 가지는 효과를 이해할 수 있다.

일례로, 필자가 어릴 적 집에 돌아가면서 지하철에서 내렸는데 출구 앞에서 한 상인분이 자두를 팔고 있었다. 한 바가지에 5천 원 하는 자두를 그냥 무심코 사서 집에 가져갔다. 필자가 먹고 싶기도 했고, 가족들과 함께 먹으면 좋겠다는 단순한 생각이었다.

그런데 그 사소한 행위의 결과가 대단했다. 집에 계시던 어머니가 함박웃음을 지으시며 "엄마 생각하고 사 온 거야? 감동이네."라며 너무나 기뻐하셨다. 막상 먹어 본 자두는 비록 시고 맛이 없었지만, 우리 가족은 그걸 먹으면서 도란도란 이야기를 나누며 즐거운 저녁 시간을 보냈다. 평소에는 각자 할 일을 하느라 잠깐 대화할 시간도 없던 우리 모자를 잠시나마 끈끈하게 이어 붙여 준 값은 고작 5천 원이었다. 그때, 필자는 마음속으로부터 뿌듯함과 애정, 행복감, 기여감과 같은 긍정적인 마음이 한가득 차오르는 것을 느꼈다. 고작 5천 원으로 필자의 마음에는 긍정적인 에너지로 가득 찼고, 어머니를 기쁘게 한 것이다.

선물이 너무 비싼 것일 필요도 없다. 그냥 과일 한 바구니, 혹은 립밤 하나, 조그만 핸드크림, 한 장짜리 손편지, 목도리 하나, 벙어리 장갑, 꽃 한 송이, 붕어빵 세 개, 혹은 상대방이 관심 있어 했던 분야의 물건들. 그러한 작은 것들이면 충분하다.

단, 뜬금없어야 한다. 예상치 못할수록 좋다. 그러면 상대방의 리액션이 더욱 크고 솔직하다. 상대방이 기뻐하고, 감동에 찬 얼굴을 지을 때 당신은 커다란 뿌듯함과 긍정적인 감정들을 체감할 것이다. 물론 상대방의 리액션이 크지 않을 수도 있다. "뭐 하러 이런 걸 사 와. 쓸데없이."라면서 말이다. 그런데 사실 그렇게 말하는 사람은 몇 없고, 있다 하더라도 막상 그걸 받고 나서는 100% 좋아하는 기색을 보인다. 그거면 되었다. 비록 타인으로부터의 반응에 의해 나의 행복감이 채워지는 것이지만, 이 반응이 그렇게 크지 않아도 생각보다 나의 행복감이 크기 때문에 가성비가 좋은 행위임을 알 수 있다. 이런 기쁨을 느끼는 일이 흔치 않다는 것을 아는 이는 필자가 말하는 돌발 선물이 마인드를 긍정적으로 바꾸는 데에 얼마나 효과적인 방법인지 알 것이다. 한 번 해 보시라. 일 년에 두세 번 정도면 충분하다.

## 2) 아침에 한 시간 일찍 일어나기

질문을 먼저 해 보겠다. 하루의 전체를 결정짓는 시간대는 언제라고 생각하는가? 일을 다 마치고 난 뒤인 저녁 시간대? 아니면 자기 직전, 침대에 누웠을 때? 보통 그렇게 생각하기 쉽다. 우리는 '하루의 마무리'가 중요하다고 들어 왔으니까.

하지만 실제로 경험해 보면 그렇지 않다. 여러 성공하는 사람들의 일화를 들어 보았을 때, '아침'을 여유롭게 시작한 날에 더 활기차고 성공적인 하루를 보냈다고 한다. 그 말은 곧 하루의 마무리 역시 좋았다는 말이 될 것이다.

시작이 반이라고 했다. 요즘에는 첫인상보다 끝 인상이 중요하다는 말이 많이 유행하고 있는데, 역시나 끝 인상보다는 첫인상이 훨씬 더 중요하다. 처음 마주하는 모습은 상대방의 머리에 선입견이라는 존재를 심어 준다. 어떤 사람에 대해서 안 좋은 선입견을 갖고 만나면 그 사람의 안 좋은 면만 보이게 되고, 뭔가 시작부터 어그러진 느낌이 들기 때문에 그냥 이 사람을 만나고 싶지 않다는 생각이 든다. 하루의 시작도 마찬가지다. 하루를 어떻게 시작하는지에 따라서 사람은 '오늘'이라는 시간에 대한 선입견을 가지게 된다.

예를 들어 보자. 당신이 집에서 나가는 시간이 보통 오전 7시이다. 여유롭게 하루를 시작하고 싶다면 당신은 언제쯤 일어나면 좋을까? 최소한 오전 6시에는 일어나야 한다. 일어나서 침구를 정리하고, 스트레칭을 하고, 양치질을 한 뒤 물 한 잔 마시고, 아침 식사를 한 뒤 영양제와 유산균 등을 챙겨 먹고, 간단히 세안을 한 뒤에 스킨, 로션을 바르고, 깔끔하게 개어진

옷가지를 골라 입은 다음 밖으로 나가기 위해서는 아무리 못해도 한 시간 정도의 시간이 필요하다. 그래야만 회사에 오전 8시 30분까지 여유롭게 도착하여 화장실에 갔다 오고, 차를 우리고, 오늘 할 업무를 정리하며 잘 준비된 하루를 보낼 수 있다. 오늘이라는 시간을 온전히 내 것으로 만들어 정복할 준비가 된단 말이다. 한데, 만약 하루를 급박하게 시작하면 어떻게 될까?

당신이 집에서 출발하는 시간이 앞선 예와 똑같이 7시라고 해 보자. 그런데 오늘은 늦잠을 자는 바람에 6시가 아닌 7시에 일어났다. 그러면 이제부터 어떻게 될까. 침구 정리? 스트레칭? 아침 식사? 그런 거 못 한다. 조금이라도 꾸물거리면 직장에 늦을 수 있으니 일단 "헉!" 하고 일어나서 양치와 머리 정도만 감은 뒤 황급히 옷을 주워 입고 나간다. 이렇게 급하게 집에서 나오면 무슨 생각이 들까?

'머리도 제대로 못 말렸어. 아, 배고파. 찌뿌둥하고, 옷도 이상한 거 막 입고 나와서 맘에 안 들어. 잠깐, 근데 나 보일러는 끄고 나왔나? 하······.'

고작 한 시간 더 잔 결과는 처참하다. 원치 않게 후다닥 나가는 바람에 준비되지 못한 하루로 시작하는 것이다. 첫 단추를 잘못 끼운 느낌이 들어 하루 종일 기분이 썩 좋지 못하다. 첫 단추를 잘못 끼우면 어떤가? 그다음 단추를 끼울 때 순서가 맞지 않아 다음 단추도 잘못 끼우게 된다. 아침을 여유롭게 보내지 못하면 하루 전체가 망가진다는 말이다. 하루를 시작하는 아침 시간에 그러한 부정적인 생각과 감정으로 출발하게 되면 쉽사리 그 기분이 잦아들지 않는다.

한 시간만 더 일찍 자고, 한 시간만 더 일찍 일어나 보라. 그렇게 한다면 하루를 여유롭게 시작하게 되어 당신의 긍정 레벨은 한 단계, 아니, 두 단계 더 높아질 것이다. 스타트를 여유롭게 하면, 정말로 '오늘 하루는 정말 근사하게 보내 보자.'라는 의욕이 생기면서 기분 좋은 하루를 시작할 수 있다. 이러한 기상 습관이 하루, 일주일, 한 달, 일 년을 유지되면 사람은 자연스럽게 긍정적으로 바뀔 수밖에 없다.

### 3) 부정적인 것 하지 않기

뭔가를 '한다'는 것은 눈에 직접 보인다. 눈에 보이기 때문에 이는 자극적이고, 그렇기에 가만히 있는 것보다 뭐라도 하려는 충동은 지극히 자연스러운 현상이다. 예를 들어, 마음을 안정시키기 위해서 무얼 하는가? 향긋한 차 마시기, 명상하기, 청소하기, 책 읽기, 운동 등을 한다. 좋은 몸을 만들기 위해 무얼 하는가? 헬스장에 가서 무게 들기, 집에서 맨몸 운동하기, 닭가슴살 하루에 두 팩씩 먹기, 샐러드 챙겨 먹기, 단백질 보충제 섭취하기, PT 받기 등을 한다. 이처럼 무언가를 얻거나 이루기 위해서 우리는 무언가 많이 '한다'. 그리고 현재 필자는 긍정 레벨을 높이는 방법에 대해서 이야기하고 있다. 우리는 앞선 두 가지 방법 외에 무엇을 해야 긍정 에너지가 높아질까? 어쩌면 이 방법은 그 무엇보다도 효과적인 수단이 될 수도 있다. 바로 '부정적인 행동을 하지 않는 것'이다.

이는 너무 당연한 방법이라고 생각할 수 있다. 하지만 많은 사람들이 이 당연한 것을 꿍장히 많이 놓치고 있다. 건강해지고 싶다면서 운동을 하지만, 정작 밤 12시까지 유튜브를 보다 지쳐서 잠에 든다. 경제적 자유를 이루고 싶다면서 열심히 일을 하지만, 월급이 들어오자마자 사고 싶던 물건을 못 참고 사버린다. 긍정적인 감정 상태를 만들고 싶다면서 정작 평소 입에 욕을 달고 살며, 아침에 일찍 일어나서 정작 보는 건 자극적이고 끔찍한 얘기만 난무하는 뉴스 기사를 보고 있다.

우리는 알고 있다. 건물을 짓는 것보다도 건물을 부수는 게 훨씬 쉽다는 것을 말이다. 5층짜리 건물 하나를 짓는 데에 1년이 걸린다고 치면, 부수는 데에는 하루, 이틀이면 충분하다. 건물을 짓는다는 건 긍정적 행위라고 한다면, 부순다는 것은 부정적 행위다. 부정적 행위는 긍정적 행위보다 100배는 강력한 힘을 갖고 있다. 그 행위의 수단이 행동인지, 말인지는 상관없다.

부정적 행위의 예를 들면 인상을 찌푸리거나, 신경질을 내거나, 화에 못 이겨 머리털을 쥐어 뜯는 등의 행동이 있겠고, 부정적 말의 예로는 욕, 불평, 불만, 짜증, 투덜거림, 자기 비하, 험담 등이 있다. 아무리 긍정적인 레벨을 높이고 싶다고 온갖 좋은 방법을 다 동원해도, 부정적인 행위를 습관처럼 해 버리면 당신의 감정 레벨은 결코 긍정적으로 개선되지 않는다. 결코!

이 중 '말'을 예시로 들어 보면 이렇다. 실제로 한 번 아래 문장들을 입 밖으로 말해 보자.

"나는 오늘도 행복할 거야."
"나는 내가 가진 능력을 믿어."
"나는 어제보다 더 나아지고 발전할 거야."
"나는 내가 진짜 자랑스러워."
"나는 내가 너무 좋아."
"나는 지금 하는 일을 완벽하게 해낼 수 있어."
"나는 어떤 어려움도 이겨 낼 수 있어."
"나는 정말로 소중해."
"나는 옳은 길을 가고 있어."
"나는 나를 진심으로 사랑해."

지금이 아주 격앙되고 분노한 감정 상태가 아니라면, 위 문장들을 읽을 때 당신의 자존감과 긍정 레벨은 잠시나마 올라가게 된다. 실제로 당신이 정말 불행하고, 아무 능력이 없고, 매일매일 더 나빠지고, 스스로를 비하하는 사람일지라도, 잠시나마 위 문장을 말함으로써 뇌는 '속는다'. 왜냐면, 사람은 자신이 말하는 대로 그것을 믿고 따르기 때문이다. 그렇다면 이 번엔 아래 문장들도 한번 말해 보자.

"나는 오늘도 불행할 거야……."
"나는 능력이 쥐뿔도 없어……."
"나는 오늘도 발전이라곤 없을 거야……."
"나는 내가 너무 창피해서 차라리 죽고 싶어……."
"나는 아무 데도 쓸모가 없어……."
"내가 이 일을 잘 해낼 수 있을까……?"
"그냥 평생 집에서 누워 있고 싶다……."
"나는 아무한테도 도움 되지가 않아……."
"지금 잘못된 길을 가고 있는 것 같아……."
"내 얼굴부터 몸매, 성격, 피부까지 전부 다 혐오스러 워……."

필자는 위 열 문장을 타자로 치면서도 정말 쓰기가 거북하 고 불편했다. 파괴적이고 자기 비하적인 문장을 열 문장을 쓰 니 심장이 빨리 뛰고 순식간에 기분이 다운되는 걸 느낀다. 그 렇다면 이걸 실제로 입 밖으로 얘기하기까지 한다면 얼마나 본인에게 좋지 못할까? 상상할 수도 없다.

그렇다면 부정적 행위가 긍정적 행위보다 훨씬 더 영향력이 강한 이유가 뭘까? 이는 진화심리학적으로 수없이 밝혀진 사실로, 쉽게 설명하면 '위험'을 피하는 것이 '생존'에 가장 중요하기 때문이다. 아주 먼 옛날부터 존재하던 인간이란 동물의 뇌에는 딱 두 가지 목표를 이루도록 설계되어 왔다. 바로 '생존'과 '번식'이다. 이 중 생존을 하기 위해서는 건강한 끼니를 챙기고, 잠을 잘 자고, 신체 활동을 하는 것도 도움 되겠지만, 가장 중요한 건 사자에게 잡아먹히지 않고, 뱀의 독니에 물리지 않는 것이었다. 단 한 번이라도 실수하게 되면 영영 이 세상과 작별하니 이는 당연한 이치다.

꼭 사자와 뱀이 아니더라도, 자신에게 위해가 되는 어떤 것이든 사람은 본능적으로 이를 '부정적'으로 인식하고 그것을 '피하라!'고 지시한다. 하물며 직장 상사에게 칭찬을 듣는 것보다 욕을 한 번 듣는 게 훨씬 더 기억에 오래 남고 충격적이다. 그런데 나와 가장 친한 친구인 나 자신이 그렇게 부정적인 혼잣말과 행동을 일삼으면 당연히도 뇌가 '위험' 신호를 보내 기분이 가라앉을 수밖에 없다. 긍정적인 걸 하려는 게 번거롭고 힘들다면, 부정적인 말이나 행동이라도 아예 하지 않는 것이 긍정 레벨을 높이는 데에 큰 도움이 될 것이다.

# 8 좋은 사람들을 죄다 잃는 최악의 습관 세 가지

좋은 사람들을 곁에 두는 것은 중요하다. 많은 돈보다도, 어떤 좋은 물건이나 보석보다도 곁에 좋은 사람들이 있는 것만큼 삶에 큰 안정이 되는 건 없다. 사람의 마음은 돈이나 보석으로 살 수 없기 때문이다. 여기서 좋은 사람의 기준은, 적어도 나에게는 친절하고 나와의 소통을 반기며 나에게 심리적인 평온을 주는 사람이라고 가정한다.

우리가 이렇게 좋은 사람들의 마음을 얻었다고 치자. 그렇다면 그다음 중요한 건, 이 사람들과의 관계 유지다. 아무리 이러한 사람들의 마음을 얻어 친구 사이, 혹은 연인 사이가 되었다고 해도, 이후 관계가 원만하게 유지되지 않으면 아무런 소용이 없다. 우리는 한순간만 살고 죽는 하루살이가 아니기 때문이다. 그러니 좋은 사람을 잃지 않기 위해서 하지 말아야 할 것을 알아 둬야 할 것이다. 이에 관한 최악의 습관 세 가지를 정리해 보았다.

## 1) 자기 할 말만 하기

좋은 사람들은 대체로 말을 잘 들어 준다. 아마 그래서 당신은 이 사람과의 자리가 편안하고 재밌다고 느낄 것이다. 그러다 보면 무심코 착각할 수 있다. '아, 이 사람은 정말 편견 없이 내 말을 잘 들어 주는구나. 정말 좋은 사람이다.' 하고 말이다.

그러한 착각을 한 나머지 당신은 그 사람에게 자신이 하고 싶은 말을 줄줄 늘어놓을 수도 있다. "오늘은 어떤 일이 있었는데 기분이 안 좋았다."부터 시작해서, "나는 이러한 점이 장점이라고 매번 듣는데 너도 그렇게 생각하냐?" 하는 답을 정해 놓은 질문. 혹은 주제 자체가 상대방에게 불편할 수 있음에도 당신은 스스럼없이 그 사람의 입장을 배려하지 않고 이런저런 주관을 꺼내 놓기도 한다. 예를 들면 상대방이 대학교를 나오지 않고 바로 취업을 한 케이스인데, 당신은 그 점을 알면서도 대학교 시절에 재미있었던 이야기를 하면서 "아, 그때가 그립다……." 하는 종류의 이야기다. 이럴 때 상대방으로서는 뭐라 대꾸할 말이 없다.

여기까지는 그냥 이 사람이 하고 싶은 이야기를 하는구나, 하는 정도로 넘어갈 수 있으나, 순서가 바뀌어 상대방이 이야기를 시작하고 당신이 들어야 하는 때에 문제점이 드러난다.

말하기만 좋아하고 듣기는 싫어하는 사람은 상대방이 입을 열자마자 활기를 띠던 표정은 사라지고 시큰둥하고 영혼 없는 리액션만 반복한다. 그러면 이게 바로 '자기 할 말만 하는' 사람이다. 그들은 시큰둥하고 영혼 없는 리액션을 일부러 한다기보다는, 정말로 남의 말을 듣는 데에 관심이 없어서 자연스럽게 그런 표정이 드러나는 것이다.

자신이 느꼈던 것, 생각하는 것을 말하고 표현하는 것은 대부분의 사람이 좋아한다. 그리고 그걸 잘 들어 주는 사람 앞에서 말하는 건 더 좋아한다. 그렇다고 해서 앞에 사람을 두고 자기가 하고 싶었던 이야기만 줄줄 꺼내더니, 막상 들어야 하는 때가 오니 귀를 여는 둥 마는 둥 한다면 도대체 어떤 사람이 당신과 함께 시간을 보내고 싶어 할까? 아마도 상대방은 당신을 매우 이기적이고 배려 없는 사람으로 인식하고 다시는 단둘이 이야기하기 싫어할 것이다.

## 2) 뒷담 하기

이 경우는 첫 번째 경우에 연장선에 있는 것으로, 상대방이 당신의 말을 잘 들어 준다고 과신하는 바람에 저지르는 실수이기도 하다. 물론 적절한 뒷담화는 둘만의 연대를 쌓고 비밀을 공유하는 행위로 인식되어 친밀도를 높여 주기도 한다. 하지만 뒷담화가 두 번, 세 번, 네 번 반복되면 당신은 상대방으로부터 신뢰를 잃을 수밖에 없다.

뒷담화에는 칭찬이나 긍정적인 말이 포함되는 경우가 거의 없다. 대부분 뒷담화 대상에 대한 안 좋은 말이나 안 좋은 평가가 주를 이룬다. 그런데 명심해야 할 것은, 앞서 말했듯 부정적인 말과 에너지는 전염성이 강하다는 점이다. 그 점을 알고 있다면 상대방에게 부정적인 주제를 가지고 길게 이야기하는 것 자체가 그 사람에게 상당한 부담이 된다는 걸 인식하고 적당히 해야 한다. 정도를 넘어선 과한 뒷담화는 당신으로부터 좋은 사람들을 떠나게 만드는 주범이다.

### 3) 거짓말

상대방의 기분을 고려해서 어느 정도의 꾸밈이나 보탬을 더한 선의의 거짓말은 인생의 굴곡을 줄이는 현명한 방법이다. 하지만 대부분의 거짓말은 좋게 작용하지 않는다. 별 의미도 없거니와 굳이 안 해도 될 거짓말을 습관처럼 하는 사람들이 있다. 사이코패스 범죄자나 할 법한 밑도 끝도 없는 거짓말은 논외로 하고, 굉장히 많은 사람들이 무심코 하는 특수한 형태의 거짓말이 있는데, 바로 '자랑형 거짓말'이다.

"나 연봉이 15%나 올랐어!"

"내 여자 친구가 나한테 이렇게 비싼 걸 선물해 줬는데~"

"나 일주일에 책 한 권은 껌으로 읽지." 등등.

상대방에게 굳이 해도 되지 않을 자랑형 거짓말을 하면서 은근히 자신을 스스로 높이는 경우가 종종 있다. 이는 상대방에게 잘 보이고 싶은 마음에 근거한 경우가 많다. 주로 썸남, 썸녀 사이에 하는 거짓말이기도 하다.

반드시 알아 두어야 하는 점은, 이러한 자랑형 거짓말은 결론적으로 자신에게 치명적인 독이 된다. 거짓으로나마 자신을 높이는 순간만큼은 본인이 뭐라도 되는 것처럼 어깨가 올라가지만, 이는 반대로 현실을 직시하지 못하게 만든다. 추가로 상대방이 당신의 진짜 모습을 알게 되었을 때, 즉, 당신이 한 말들이 허위로 부풀린 사실이라는 것을 알게 되었을 때 당신은 상대방과 힘겹게 쌓은 신뢰를 한순간에 잃어버리게 된다.

이러한 거짓말은 중독성이 있다. 아무런 노력도 하지 않고 자신이 높아지는 현상이 있기에 일종의 쾌락적인 효과도 있다. 하물며 자랑형 거짓말이 아니라 대부분의 거짓말은 당신의 삶이 가지는 가치를 높이는 데에 어떠한 도움도 되지 못한다. 현실을 직시하고 개선해야 한다는 필요성을 망각하게 되고, 자신의 단점을 눈앞에 두고도 잊게 만듦으로써 근본적인 문제를 심화시키기 때문이다. 불편한 사실이라도 솔직히 말해야 한다면 그냥 사실대로 말하되, 정 껄끄럽다면 사실의 일부라도 정직하게 말하는 게 차라리 낫다.

# 8 내 인생을 완전히 망치는 치명적인 습관 세 가지

우리는 남에게서 종종 상처를 받기도 하지만, 스스로가 주는 상처를 자각하는 이는 드물다. 아래 세 가지 행동은 남에게서 받는 것보다도 자기 자신이 스스로 내는 상처로써, 남에게서 듣는 어떤 말보다도 자신을 좀먹고 갉아먹는 나쁜 행위가 될 수 있다.

## 1) 남의 하이라이트 장면과 나의 비하인드 장면을 비교하기

왜 우리는 비교를 할까? 특별한 목적을 가지고 비교한다기보다는, SNS나 TV, 유튜브 등을 통해 워낙 많은 사람들의 모습을 접하다 보면 원하든 원하지 않든 자연스럽게 비교를 하게 된다. 일례로 인스타그램을 하다 보면 잘난 사람들을 수도 없이 많이 보게 되고, 나 자신의 모습과 비교하게 된다. 물론 세상 사람들이 다 볼 수 있는 공개적인 공간에는 누구나 자신의 가장 화려하고 잘 꾸며진 모습을 올리고 싶어 한다. 이는 굳이 이렇게 말하지 않아도 모두가 다 아는 내용이다.

누구는 어디 유럽으로 해외여행을 가고, 누구는 비싸고 멋진 호텔에서 호캉스를 하고, 누구는 바디 프로필을 멋지게 한 컷 찍어 예쁜 몸매와 얼굴을 자랑한다. 게시물을 올리는 모든 이는 자신의 '자랑할 만한' 순간을 심혈을 기울여서 포착하고, 보정과 포토샵을 거쳐 그야말로 정제되고 조작된 비장의 사진 한 컷을 올리는 것이다. 어떻게 보면 인스타그램이 그 사람이 가진 최대치의 멋진 모습 모음집이라고 봐도 될 정도다.

그런데 손가락으로 쓸어 가며 그 게시물을 보고 있는 순간, 우리의 모습은 보통 어떤가? 퇴근길에 지하철에서 녹초가 된 몸으로 잠시 시간을 보내려 인스타그램을 켜서 보던 중일 수 있고, 잠이 안 와서 잠자리에서 뒤척대다 잠시 켠 걸 수도 있고, 잘 나가는 누군가의 소식이 궁금해서 구경하기 위해 켰을 수도 있다. 간단하게 말해, 보통 우리는 딱히 특별하지 않은 때 남들의 특별한 순간들을 맞이한다는 이야기다. 그렇다면 당연히도 그 당시 자신의 처지와 네모난 사진 속 화려한 타인의 모습이 비교될 수밖에 없다. '나는 오늘도 되게 힘들었는데, 얘는 잘 사나 보네……'라면서 말이다. 이러고 나면 뭘 얻는가? '나도 얘네처럼 멋있게 살아야지!' 하고 자극을 받을 수도 있지만,

대부분 그저 부러워하고 끝난다. 별로 유쾌한 기분이 안 든다. 결론적으로 인스타그램으로 남의 모습을 들여다보는 건 좋을 게 하나도 없다는 말이다. 일례로 인스타그램이라는 주제를 꺼내 왔지만, 모임에서든, 회사에서든, 학교에서든 어떤 잘나 보이는 남의 장점과 자신의 단점을 비교하는 행위는 자신을 좀먹는 나쁜 습관이다. 비교는 남과 하는 게 아니라, 어제의 자기 자신과만 해야 한다.

## 2) 욕

욕은 남에게 하거나, 혼잣말로 하거나, 이 두 가지 종류로 나뉜다.

하지만 현대 사회를 사는 우리들은 보통 욕이란 걸 남에게 쉽사리 할 수 없다. 10대 청소년이 아닌 사회생활을 조금이라도 해 본 사람들은 사회에서 남에게 욕을 한다는 게 얼마나 드문 일인지 알 것이다. 친구든, 직장 동료든, 상사든, 후배든, 가족이든, 연인이든, 지나가는 모르는 사람이든 감히 누구한테 쉽사리 욕을 할 수 있겠는가? 하지만 아주 쉽고 빠르게 욕을 할 수 있는 방법이 바로 혼잣말로 하는 욕이다.

"×발, × 같네 진짜."

기분 나쁜 일이 일어났을 때 이런 비슷한 욕이라도 홀로 조용히 중얼거린 적이 있는가? 그러면 욕을 내뱉던 그 순간의 기분도 기억이 나는가? 어떻게, 욕을 뱉어 버리고 나니 속이 후

련하던가? 아니면 그냥 별 차이가 없거나 더 나빠지던가? 사람은 말을 함으로써 스스로의 감정이나 생각을 명확히 하는 특성이 있다. 그런데 저렇게 누군가를 지칭하는 것도 아닌, 혼자만 들리게끔 욕을 중얼거리면 우리 뇌는 자연스럽게 이렇게 받아들인다.

'내 기분은 지금 × 같고, × 같은 기분을 원하는구나.'

안 그래도 나쁜 기분이었는데, 욕을 중얼거림으로써 나의 부정적인 기분이 더욱 강화가 된다는 뜻이다. 말은 생각을 담는 그릇이다. 그리고 혼잣말은 내가 나에게 차리는 식사이다. 아무리 맛있는 음식이라도 누더기 같은 그릇에 담으면 먹기가 싫은 법인데, 그 음식마저 더러운 걸 준다면 그야말로 최악이다. 이는 자기 자신을 존중하지 않는다고 증명하는 셈이다. 아무리 혼자 있을 때라고 하더라도, 혹은 혼자만 들린다고 하더라도 욕은 하지 않는 게 자신에게 무조건 득이다.

### 3) 자기 과신

운전을 할 때 가장 위험한 운전자는 다음 셋 중에 누구일까?

① 약간의 긴장감을 머금은 초보 운전자

② 웬만한 도로는 제법 많이 다녀 본 중급 운전자

③ 운전 경력 30년으로서 머리보다 손과 발이 먼저 반응하는 고급 운전자

정답은 2번이다. 사람은 어설프게 능숙할 때 가장 취약하고, 나약하다. 우리는 세상을 살아가면서 다양한 일을 끊임없이 겪으면서 여러 문제에 봉착한다. 그리고 나이가 조금 들어 20대 후반, 30대 초중반이 되면 어느 정도 요령과 노하우가 생기면서 인간관계나 사회생활, 연애, 경제적 문제 등에서 조금 자유로워진다. 뭐든 간에 인간은 익숙해지면 그 일을 보다 능숙하게 할 수 있으니 당연한 원리이다. 누구나 그렇다.

그러나 우리는 이때를 가장 조심해야 한다. '나는 이제 내 일에서는 나름 베테랑이지.' '나 정도면 인간관계 마스터지. 다 친구 될 수 있어.' '이 정도 벌었으면 자랑 좀 해도 되지 않겠어?' 등의 생각을 가지는 때를 가장 경계해야 한다.

진짜 베테랑은 자신이 베테랑인 사실을 굳이 티 내지 않되 더욱 겸손하고, 진짜 인간관계에 통달한 사람은 더욱 말을 조심히 하고 분별 있게 행동하며, 진짜 돈이 많고 풍족한 사람은 돈 자랑이 아니라 조용히 기부와 봉사를 한다. 괜히 어설픈 능력을 가진 이들이 자기 자신을 과신한 나머지 남에게 티를 내고, 과신하면서 '이것'을 잃어 인생을 망친다. 이것은 바로, '배울 수 있는 기회'이다.

자기 자신을 너무 믿는 바람에 다른 사람의 말과 행동에서 아무런 배움을 얻지 못한다면, 틀린 믿음을 바로잡을 수가 없다. 그 점을 항상 염두에 둬야 한다. 물론 자기가 생각하는 바가 곧 그 사람에게는 진리이다. 자신이 최고라고 생각하면, 그 사람은 그 자신의 세계에서 만큼은 분명히 최고이다. 이러한 긍정적인 마음은 분명 좋은 태도다.

하지만 배워야 할 때는 배우려는 겸손한 태도를 항상 남겨 둬야 한다. 자기 신뢰는 옳으나, 자기 과신은 그 어떤 믿음보다도 독성이 강한 열매다.

# 8 나를 무시하는 사람들을 입 닥치게 만드는 가장 현명한 방법

대부분의 사람은 평범한 삶을 살고 있다. 먹고 살 만큼의 월급, 봐줄 만한 의상, 건강에 그럭저럭 괜찮은 음식, 적당히 늘어난 티셔츠를 입고 잠에 들고, 가성비 좋은 제품을 찾는다. 그에 따라 주변의 사람들도 그렇게 썩 나쁘지만은 않은 사람들을 만나고, 비슷한 사람들과 비슷한 관계를 가진다.

그리고 그들은 그 비슷한 사람들 사이의 관계에서 일어나는 갈등 때문에 고통스러워하고, 고민거리가 생기며 골치를 썩인다. 여기서 말하는 '갈등'이라는 건 그렇게 대단한 사건도 아니다. 회사에서는 나보다 나이도 어리고 능력도 없는 후임이 선임인 내 지시에 무작정 대들거나, 대기업에 다니고 있던 친구가 갑자기 연락이 와서 취업을 했으니 나에게 한 턱 쏘겠다며 하여 만났더니 나에게 요즘 벌이가 시원치 않아서 고민이 많겠다며 은근히 맥이는 경우도 있다. 모두가 나는 그저 내 일을 열심히 했을 뿐인데도 외부에서 나타난 타인 때문에 부정적인 감정을 갖게 되는 일이다. 이 밖에도 우리는 열 받는 일을 수두룩하게 겪으면서 살아왔고, 어쩌면 이 책을 읽고 있는 오늘도 그런 일이 있었을 수 있다.

이런 일들은 어째서 일어나는 것일까? 당신은 이런 대우를 받으려고 태어난 사람도 아니고, 나름대로 도덕적으로 바르게, 인성은 좋게, 남들을 배려하면서 슬기롭게 살아왔을 텐데 말이다. 이런 우리는 어쩌다 저 멍청한 사람들과 같은 공간에서 같은 시간을 보내게 됐을까?

그 이유를 막론하고 우리가 해야 할 단 한 가지 일은, 이들로부터 우리를 보호하는 것뿐이다. 무례하고 생각 없으며 부정적인 인간들에게 대항하는 방법은 '높은 위치에 서는 것'밖에 없다. 우리 주위에 있는 그 비슷한 사람들과 같이 비슷한 삶을 살아서는 평생을 무시당하고 푸대접을 받을 수밖에 없다. 현대 사회에는 신분제가 없다. 하지만 보이지 않는 신분은 아직도 존재한다. 여기서 보이지 않는 신분이란, 쉽게 말해서 사회적 계급을 뜻한다.

사회적 계급이란 건 은연중에 혹은 표면적으로 확실하게 느낄 수 있다. 의사, 판사, 변호사와 같이 진입장벽이 높은 전문 직종인들을 사람들은 여전히 높게 본다. 회사라는 환경에서는 사원이 주임의 아래고, 주임은 대리의 아래, 과장은 부장 아래,

부장은 이사진 아래에 있다. 군대에서는 이병, 일병, 상병, 병장 순으로 계급 자체가 나누어져 있다. 연예계에서는 인기, 인지도, 몸값의 수준이 곧 계급이고, 하다못해 사교 모임에서는 잘 생겼으며 입담도 있고 돈도 좀 버는 사람이 그 사교 모임에서 가장 우두머리 계급이다. 심지어 다섯 형제가 있는 가족 사이에서도 돈을 제일 많이 버는 형제가 가장 높은 계급일 때가 많다. 만약 부유한 형제가 장남이 아닌 막내라고 하더라도, 그 위 형, 누나들이 변변찮은 인생을 살고 있다면 막내가 가장 힘이 세다. 쉽게 말해 어딜 가도 계급은 정해진다는 이야기다.

여기까지 읽은 이라면 자연스레 깨달을 것이다. 이 '계급'이라는 것을 높여야 내 주위 사람들이 내 말에 귀를 기울이고, 헛소리 개소리를 감히 하지 않는다. 다시 말해 '존경받는 위치'에 서야 한다는 것이다. 앞선 단락에서는 직업, 회사, 군대, 연예계, 사교 모임, 가족과 같은 예시를 들었는데, 이 외에 단 세명이 모여도 계급이라는 지위는 생겨난다. 누군가의 말은 별로 중요치 않다면, 누군가의 말은 꼭 듣고 싶고, 들어야 하며, 듣지 않으면 안 된다. 그리고 우리는 후자의 사람이 되어야 듣기 싫은 헛소리와 무시당하는 일을 줄일 수 있다. 무시당하지 않는 현명한 화술이나 화법도 분명히 효과가 있지만, 가장 근본적인 해결책은 계급을 올리는 것이다.

여기서 중요한 점은, 집단이 어떤 집단이냐에 따라 계급의 종류가 다르다는 것이다. 회사에서 임원의 위치에 있다고 해서 사교 모임에서도 높은 위치일 수는 없고, 군대에서 병장이라고 해서 소모임에서도 병장 노릇을 할 수 있는 건 아니다. 다만, 대부분의 집단에서 계급을 결정해 주는 '공통적인 힘'은 존재한다. 바로 재력과 매력이다.

첫 번째로, 재력은 현대 사회에서 가장 효과적인 힘이다. 회사로 예를 들어, 내가 대리인데 부업으로 부동산 투자를 성공적으로 한 덕에 재산이 수십억 대에 다다른 건물주가 되어 회사는 취미로 다니고 있다고 해 보자. 그러면 부장이 해 대는 잔소리들이 내 귀에나 들어오기나 할까? 그 사람들이 일 년 동안 벌 돈을 나는 한 달 동안 아무 일도 안 하고 벌고 있는데, 그런 말들이 내게 타격이 될까? 아니, 애초에 오히려 그 모진 소리를 해 대던 부장이 나의 재산을 듣고 나면 '어떻게 돈을 벌었냐'고 슬쩍 물어 오며 밥 한 끼라도 대접할 확률이 높지 않을까. 감히 그가 수십억 자산가인 나에게 폭언이라도 하면 나는 사직서 쓰면 그만이다. 웬만한 다른 집단에 가더라도 재력이라는 힘을 가졌다면 사람들은 나의 말을 귀담아듣고, 함부로 말하지 못한다. 이건 우리가 자본주의 사회에서 살고 있기에 적용 가능한 법칙이기도 하다.

두 번째로, 매력은 돈이 메워 주지 못하는 여러 빈틈을 메꿀수 있는 무형의 힘이다. 직업이 아무리 의사, 판사, 변호사고 재력가라도 해도, 이번 주말에 있었던 재밌는 일을 생동감 있게 말할 줄도 모르고 그저 돈 자랑만 할 줄 아는 이라면 진심으로 사람들의 존경을 받을 수는 없다. 외적으로 잘 관리가 되어 있고, 자신의 주관이 명확하며, 목소리에 확신이 들어가 있고, 의사소통을 하는 데에 능숙하다면 사람들은 자연스레 당신의 매력에 빠져 당신의 의견에 반대되는 말을 하기보다 당신이 하는 말에 귀를 기울일 것이다.

어떻게 보면 인간이나 짐승이나 비슷한 환경에서 산다고 볼 수 있다. 힘이 세면 우두머리의 위치에 서서 원하는 것과 먹고 싶은 것은 다 누리고 사는 것이고, 힘이 약하면 동족이든 다른 종족에게든 잡아먹히거나 도태되어 자손도 남기지 못하고 시체가 되어 썩어 없어진다. 이게 세렝게티에서 무리를 이루고 살아가는 사자들과 무엇이 다를까? 결국은 나의 힘이 세야 나의 계급이 올라가고, 주위에 있는 사람들에게서 좋은 말, 좋은 대접, 예의 바른 인사를 받을 수 있다.

# 8 만족스러운 삶을 위해 반드시 알아야 하는 하나의 진리

우리 인간의 역사를 과거로 거슬러 올라가 살펴보면 알 수 있는 여러 가지 특징 중 하나는, 인간은 목표지향적이라는 점이다. 앞서 말했다시피, 근본적으로 인간은 짐승, 즉 동물에 속하는 개체이고 그에 따라 '생존과 번식'을 해야 한다는 사명이 DNA에 뚜렷이 박혀 있다. 다시 말해 인간은 생존과 번식이라는 궁극적 목표를 저 멀리에 찍어 두고 달리는 삶을 살도록 설계되어 있다. 그렇기에 인간은 아무 이유 없이 어떠한 말과 행동, 활동을 하지 않는다.

예를 들어 회사에서 일을 하는 건 돈을 벌어서 먹고 살기 위함, 즉 생존을 위한 활동이다. 더 나아가 먹고 사는 데에 문제가 없을 만큼 충분한 벌이를 하고 있다면 몸에 더 좋은 음식을 먹고, 운동하는 데에도 시간을 투자하여 자신의 신체를 가꾼다. 이는 생존을 위함과 더불어 더 매력적이고 건강한 내·외면을 가꾸어 이성을 유혹, 번식하기 위한 활동이라고도 볼 수 있다. 심지어는 퇴근하고 소파에 앉아 지친 상태로 TV를 보는 것도 사실은 내 피곤한 몸과 정신을 잠시나마 쉬게 하여 회복을 하고자 하는 생존에 목적을 두고 있다.

지금 필자가 이 책의 원고를 쓰고 있는 활동마저도 생존에 목적이 있다. 이와 같은 글을 써서 세상에 내놓는 일은 필자의 성취감을 채우는 데에 커다란 역할을 하고, 더불어 원고료와 인세라는 부수적인 경제적 결과물이 도출되기 때문이다. 이어 주변 지인, 혹은 불특정 다수에게 좋은 평가를 듣게 되면 필자의 감정 상태는 더욱 긍정적으로 발전하여 건강한 신체와 정신을 가꾸는 데에 도움이 된다고 볼 수 있다. 모두 생존하기 위해서다.

이처럼 회사를 다니거나, 돈을 벌거나, TV를 보거나, 원고를 작성하는 행동 모두가 생존과 번식이라는 대목표를 이루기 위한 활동이라는 것에 대다수는 이견이 없을 것이다. 그러면 여기서 이번 글의 주제인 '우리가 만족스럽게 살 수 있는 하나의 진리는 무엇인가?'라는 질문에 답을 하자면, '단기 목표를 세우고 몰입하는 것'이라 할 수 있다.

물론 이미 많은 사람들이 단기 목표를 세우고 살아가고 있다. 계획성이 있는 이라면 올해의 목표, 혹은 분기별, 월별 목표를 세워 체크해 나갈 것이며, 그게 아니라 즉흥성이 더 짙은 사람이라고 하더라도 하루하루의 목표 정도는 매일 아침 세워 놓고 집 밖을 나선다. 어떤 사람이라 하더라도 소기의 목표는 다들 세우고 산다는 이야기다. 여기서 중요한 부분은 '목표에 몰입하는 것'에 있다.

필자가 말하는 몰입이라는 건 어떤 게임을 할 때 순간적으로 집중을 하거나, 시험 시간에 문제를 풀기 위해 한 시간, 두 시간 정도 짧게 고뇌하는 게 아니라, '장기적인 몰입 상태'를 말한다. 황농문 교수의 《몰입: 인생을 바꾸는 자기 혁명》서적에 이러한 내용이 있다. "이 광활한 우주에 이 문제와 이 문제를 해결하는 나. 오로지 둘만 존재한다는 느낌이 들곤 한다. 자신이 도달할 수 있는 최대의 집중 상태에서 문제를 해결하기 위하여 최선을 다하고 있다는 충만감이 전해지는 것이다. 이때는 내가 그토록 바라던 최대의 지적 능력이 발휘되고 있고, 자아실현을 하고 있다는, 더할 나위 없는 만족감이 느껴진다."(122쪽)

우리는 인생을 살면서 해결해야 하는, 혹은 해결하고 싶은 어떠한 문제가 매 순간 생길 것이다. 돈을 얼마만큼 벌고 싶은데 아직 그 정도의 액수가 모이지 않았다거나, 시험에서 몇 등급을 받고 싶은데 아직 점수가 형편없다거나 하는 게 그 예이다. 이러한 문제 해결의 욕구는 결론적으로 목표의 달성을 위해서 일어나는 것이고, 그 목표를 이루기 위해 치열하게 공부하고 움직인다. 이때, 우리는 그저 이 목표를 이루는 과정을

'어쩔 수 없이 하는' 상태가 아닌, '정말로 해결하고 싶어서 밤 잠도 안 오는' 상태에 다다라야 한다.

간단한 예를 들어 매우 어려운 수학 문제 하나가 있다고 해 보자. 수학과 대학원생으로 재학하고 있는 당신은 그 문제를 풀어야 하는 입장이다. 여기서 만약 당신이 문제의 풀이를 포기한다면 당신의 학위 취득이 힘들어질 수 있다. 그렇다면 당신은 어떻게 해야 하는가? 당연히 이 문제를 반드시 풀어야 한다. 이때 두 가지 방법이 있다.

첫 번째는, 잠잘 때, 밥 먹을 때, 공원에서 산책할 때, 화장실에 있을 때, 사람들과 이야기할 때를 빼놓고, 책상 앞에서 순수하게 문제 풀이에만 전념할 수 있는 시간에만 비로소 문제 풀이를 생각하는 방법.

두 번째는, 자나 깨나, 밥을 먹든, 공원에서 산책하든 화장실에 가든 그 문제의 풀이만을 계속 생각하는 것이다. 말 그대로 그 문제의 풀이를 위해 하루 종일, 끊이지 않고 고민하고, 또 고민하는 방법이다.

누가 보면 두 번째 방법은 미친 게 아니냐며 고개를 저을 수 있지만, 목표를 세우고 그 목표를 이루는 과정에 있는 문제들을 해결하는 데에 진정으로 몰입하여 하루 종일 그 문제 해결을 위한 방법을 탐닉할 때, 우리 뇌는 깊은 몰입 상태에 빠진다. 이러한 몰입 상태에 빠지면 뇌에서는 도파민이라는 신경 전달 물질이 나오면서 행복감을 느끼게 된다. 게임을 하느라,

혹은 재밌는 만화책을 읽느라 시간이 서너 시간이 휙 지나가 버린 경험을 한 적이 있는가? 그게 바로 몰입 상태이다. 다만 그 대상이 게임이나 재밌는 만화책이 아닌, 해결하기 어렵고 많은 고민을 필요로 하는 수학 문제라는 것만 다른 것이지, 어떤 분야이든 일단 몰입 상태에 빠지면 뇌는 도파민을 분비하여 우리는 그야말로 행복의 파도에 몸을 맡기게 된다.

이처럼, 생존과 번식이라는 대목표 아래, 우리의 성장을 돕는 어떠한 중간 목표를 설정한 뒤에 그 목표의 과정에서 생기는 여러 문제들을 해결하는 데에 고도의 몰입 상태에 자신을 자유자재로 밀어 넣을 수 있게 되면 세상에 그 어떤 사람보다도 행복할 수 있다. 이는 재산을 엄청나게 많이 가진 억만장자가 느끼는 우월감이나, 원하는 이성을 만나 데이트를 할 때 생기는 행복감과도 비견되지 않을 정도로 건강하고 지속 가능한 행복이다.

사실, 이 몰입 상태를 경험해 보지 않은 이라면 이번 주제에 관한 내용이 와닿지 않을 수 있다. 그러나 뇌 과학이 증명하는 이 고도의 몰입 상태가 주는 행복감, 쾌감을 딱 한 번만 경험해 본 사람은 한결같이 말한다. 다른 어떤 무엇보다도 내가 세운 그 목표를 향해 달려가는 과정이 미치도록 행복하다고 말이다.

# 8 결국 깨닫게 되는 인생의 비밀 세 가지

## 1) 인간관계는 모종의 거래다

주위를 둘러보면 당장 가까운 사람이 눈에 들어올 것이다. 어머니가 보일 수도 있고, 아버지가 보일 수도 있다. 또는 형, 누나, 언니, 오빠, 동생과 같이 피를 나눈 형제가 있을 수도 있고, 가족보다도 더 친하게 지내는 절친이 있을 수 있다.

자, 그러면 이들과의 유통기한은 언제까지일까? 지금 사람과의 관계에 '유통기한'이 있다고 표현한 것이냐 물어본다면, 정답이다. 우유에도 유통기한이 있고, 식빵에도 유통기한이 있고, 계란에도 유통기한이 있다. 그렇다면 사람 사이에 관계에는 유통기한이 없을까? 엄연히 말해 존재한다. 앞서 말한 우유, 식빵, 계란의 공통점은 바로 음식이라는 점이다. 그런데 웬 인간관계를 음식에 가져다 놓고 비교를 하느냐 하면, 인간관계나 음식이나 공통점이 아주 많기 때문이다.

음식은 사람이 반드시 필요로 한다. 그렇다면 인간관계는? 인간은 사회적 동물이기에 마찬가지로 필수적이다. 음식은 누가 어떻게 만드느냐에 따라 같은 재료라고 하더라도 맛과 질, 영양분이 천차만별로 차이 난다. 인간관계 역시 마찬가지로 누구와 누가 만나 만드느냐에 따라 아주 발전적인 관계로 이어질 수도 있고, 서로에게 하등 도움 안 되는 파괴적인 관계가 될 수 있다. 음식은 어떻게 보관하느냐에 따라 유통기한이 단 3, 4일이 될 수 있고, 1, 2년을 넘어 10년, 20년이 될 수 있다. 역시 마찬가지로 인간관계도 어떻게 맺느냐에 따라 하룻밤짜리가 될 수도 있고, 10년, 20년이 될 수 있다. 아니, 그보다도 훨씬 오래 갈 수도 있다. 이 밖에도 여러 공통점이 있지만, 중요하게 보아야 할 것은 얕은 관계든, 깊은 관계든 당신과 상대방의 관계가 건강한 상태로 얼마나 길게 가느냐일 것이다. 유통기한이 지나 다 썩어 버린 스테이크보다는 신선한 완두콩이 더 가치 있는 법이니까.

그러면 우리는 어떻게 상대방과의 관계를 오래, 건강하게 유지할 수 있을까? 이는 너무나 간단하면서도 쉽지 않다. 바로, 당신에게 자원이 풍부하면 관계를 오래도록 유지할 수 있다. 필자가 말한 자원이란 여러 가지 형태가 있겠지만, 대표적으로 내적인 자원, 외적인 자원, 사회적 자원이 있다.

내적인 자원으로는 당신의 마음가짐, 지능, 말솜씨, 경청하는 태도, 삶을 대하는 방식, 인성 등이 있다. 외적인 자원으로는 몸매, 외모, 피부, 목소리, 키, 헤어 스타일, 향기 등이 있다. 마지막으로 사회적 자원으로는 명예, 업적, 유명세, 재산, 직업, 권력 등이 있다. 이러한 여러 자원들을 풍부하게 갖추면 당신은 상대방과 시간을 보내며 정서적 즐거움과 안정감을 제공할 수 있고, 그 점에서 매력을 느낀 상대방은 당신과의 관계를 지속할 것이다. 쉽게 말해 당신이 '가치가 있는' 사람일 때 사람들은 비로소 당신의 곁을 떠나지 않고 '거래를 지속'한다. 당신의 친구는 당신과의 시간에서 즐거움이라는 자원을 서로 주고받기에 그 관계를 지속하는 것이고, 당신의 애인은 당신과의 시간에서 편안함과 성적인 매력을 주고받기에 그 관계를 지속하는 것이다. 따라서 이는 엄연히 말해 거래라고 볼 수 있다.

하물며 부모님마저도 이 법칙에는 예외가 아니다. 여기서 혹자는 "아니, 아무리 그래도 어머니, 아버지는 내 곁을 항상 지켜 주셨다."라고 반문할 수 있다. 특히 어머니의 경우를 보자. 모성애란 분명 위대하고도 숭고한 본능이다. 하지만 잘 생각해 보면 이 역시도 당신의 존재 자체가 어머니에게 일종의 자원으로서 작용했기 때문이라고 볼 수 있다. 아무리 못난 아들이라도, 속 썩이는 딸이라도 어머니는 자식을 위해 기꺼이 희생하신다. 그렇다면 그게 과연 그 못난 자식이 좋아서일까? 냉정하게 말하면 아니다. 피를 나누고 깊은 정을 준 자식이라는 존재는 어머니에게 일종의 자산이고, 마음의 안정이며, 자신의 일부이기도 하다. 이것들은 자원으로서 작용하여, 자식을 잃는다면 어머니는 마음의 안정이란 자원을 잃게 되어 마음이 찢어지게 아프리란 걸 본능적으로 직감하기에 못난 자식도 챙기는 것이지, 자식의 그 못난 점이 예뻐서 사랑하는 게 아니라는 말이다. 심지어 '어머니'조차도 당신에게서 감정적 자원을 주고받기 위해 옆에서 살아가시는 것이란 말이었다. 만약 대성한 자식과 속만 썩이는 두 자식 중에 더 사랑스러운 자식을 하나만 꼽으라 한다면 어머니는 당연히 대성한 자식을 선택할 것이다.

물론 자식을 위해서라면 죽음도 마다하지 않으리란 희생정신을 가진 부모님들도 많이 계시겠지만, 이마저도 '인간관계는 모종의 거래'라는 법칙에 예외가 아니다. 그러한 부모님들은 자신이 사랑하는 자식을 위해 도움이 되리란 기여감과 더불어 희생정신을 실현함으로써 자신의 존재 가치를 느끼기 위함이라고도 볼 수 있다. 대가 없는 사랑, 아가페적 사랑을 비방하는 것이 아니다. 다만 필자는 이 글을 읽는 독자분들만큼은 아무런 발전 없이, 주고받을 자원이 없는 인생을 살면서 부모님과 친구, 애인, 반려자와의 관계가 이대로 평생 원만하게 지속될 것이란 헛된 기대를 품지 않았으면 하는 마음일 뿐이다.

인간관계는 결국 모종의 거래이다. 당신이 가진 가치로운 것을 상대방에게 제공할 수 있어야 그걸 받은 상대방도 당신에게 가치 있는 무언가를 건네줄 것이다. 이 관계의 유통기한이 끝나는 때는, 바로 당신이 더 이상 어떠한 자원도 제공할 여유가 없을 때다. 그러니 항상 자신을 가꾸고, 계발하고, 능력을 함양하며 가치 있는 자원을 보유하도록 노력해야 한다.

## 2) 행복과 불행은 선택하는 것이다

엄청난 재산을 쌓는 것, 높은 명예를 거머쥐는 것, 수백만 구독자를 지닌 인플루언서가 되는 것, 누구나 부러워할 직장을 다니고 직업을 갖는 것…… 모두 대단한 일이다. 웬만한 노력이 아니고서는 이러한 업적을 이루는 건 쉽지 않다. 존경받아 마땅한 일이다.

하지만 많은 사람들이 착각하는 게 하나 있다. '내가 이것만 이루면 비로소 행복할 거야.'라고 생각하는 점이다. 재산 100억을 달성하면 행복할 텐데, 의사가 되면 행복할 텐데, 100만 유튜버가 되면 행복할 텐데, 라며 지금의 불행은 목표를 이루기 위한 당연한 과정인 양, 저 높은 위쪽에 비로소 행복이 있을 거라 여기는 사람이 굉장히 많다. 많은 이들이 자꾸 '결과'에서 행복을 찾으려 한다는 것이다.

언제, 어디서든, 무얼 가졌든 간에 그 속에서 긍정적인 에너지와 행복감을 느낄 수 있어야 한다. 그 크기가 작아도 좋다. 물론 입을 것도, 먹을 것도, 잘 곳도 없는 상황이라면 이야기가 달라질 수 있겠지만, 적어도 최소한의 의식주가 충족되었다면 각자가 추구하는 목표, 이상향, 욕망을 향해 뛰어가는 그 과정에 있는 결핍된 조건에만 집중하는 게 아니라, 현재 가진 것과 누리고 있는 것에서 감사함을 가질 수 있어야 한다. 그게 실제로 목표에 도달하는 데에 있어 큰 도움이 될 것이고, 설령 목표를 이루는 데에 실패하더라도 그 과정을 즐길 수 있었기 때문에 마냥 낭패감만이 남지는 않는다. 심지어 사지가 없어 누군가의 도움 없이는 살아 나가는 것이 불가능한 지체 장애인, 닉 부이치치도 삶에서 감사를 찾았다. 지금 그의 모습은 어떤가? 세계적인 동기부여 연설가로서 많은 사람들에게 영향을 주고, 남부럽지 않을 부와 명예를 쌓지 않았는가?

목표를 가지고 달려나가는 건 분명 좋은 일이다. 하물며 목표만 세워 놓고 큰 발전이 없는 것도 잘못만은 아니다. 현상 유지도 쉽지 않은 게 무한 경쟁의 한복판인 현시대의 진실이니까. 하지만 그 목표를 향해 달리는 와중에 불행과 불운, 결핍, 미충족, 불합리한 것에 초점을 맞추고 괴로워하는 것은 잘못이다. 이는 자기 자신에게도 나쁜 영향을 끼치고, 그 사람의 주위에 있는 모든 이들에게도 부정적인 영향을 끼치므로 잘못된 일이다.

심지어는 누가 봐도 풍족한 조건 속에 살아가는데도 불행에 치를 떠는 이들도 많다. 돈, 인맥, 인기를 모두 갖춘 이들이 우울증에 시달리고 불면증에 잠 못 이루는 경우가 얼마나 많은가? 행복은 그렇게 멀리 있지도 않고, 그렇게 대단한 업적에서만 오는 것도 아니다. 아침에 건강한 몸으로 일어날 수 있는 점, 내 옆에 사랑하는 가족이 있고, 그들과 함께 저녁밥을 먹을 수 있다는 점, 심지어는 내가 의지를 가지고 노력만 한다면 현실을 바꿀 수 있는 자본주의 시대에 살고 있다는 점조차도 행운이고, 행복으로 받아들일 수 있다. 현실에 안주하고 만족하라는 말이 아니다. 목표가 있건 없건, 그 목표를 이루는 일이 쉽건 어렵건, 목표의 달성 여부에 관계없이 주어진 것에 기쁜 마음을 가질 수 있어야 한다는 이야기이다.

결국, 내가 무엇을 '선택'하느냐의 문제다. 자신의 감정 상태를 외부에서 주어지는 대로 휘둘리고 휘청이는 나약한 존재로 설정해서는 평생 불행할 수밖에 없다. 타인의 마음이나 주위 환경, 같이 일하는 사람 등은 내가 멋대로 선택할 수 없지만, 적어도 내 마음속에서 일렁이는 감정의 불빛이 어둠 속에 매몰될지, 환하게 빛날지는 본인이 선택할 수 있다. 긍정적인 면에 집중하고, 부정적인 면은 개선하려 노력하면 된다. 그러면 자연스레 감정은 좋은 쪽으로 바뀔 것이다. 어디에선가 들어보았던 진부한 말인데도 이러한 격언이 계속해서 회자되는 건 괜히 그러는 게 아니다.

### 3) 나를 망치는 건 아주 사소한 습관이었다

꼭 교통사고가 나서 팔다리가 부서져야 사람은 망가질까? 꼭 사랑하는 사람이 갑작스레 죽어서 사별을 맞이해야 마음이 다치고 병드는 것일까? 꼭 집에 불이 나서 모든 가구와 재산이

잿더미가 되어야만 불운한 것일까? 물론 이런 극단적인 일은 멀쩡하고 건강한 사람의 인생도 송두리째 바꿔 놓을 만큼 커다란 사건이다. 하지만 이런 일은 상대적으로 흔치 않거니와, 우리가 어떻게 예방을 하려고 해도 쉽사리 막을 수 없는 일이다. 개인의 노력으로는 바꿀 수 없는 영역의 일이란 말이다. 따라서 우리는 노력으로 바꿀 수 있는 일들에 먼저 신경 써야 한다.

대다수의 사람들이 망가지고, 병들고, 모든 걸 잃게 만드는 것은 이런 '커다란' 사고에서 비롯되지 않는다. 조금만 자세히 보면, 사람들은 아주 사소한 습관들을 버리지 못해 그들 스스로를 망가뜨리고 있다. 남도 아닌 자기들 스스로의 눈을 버리고, 목과 허리를 망치고, 혈관을 틀어막고, 뇌를 퇴화시킨다. 기쁜 일이 있어도 기뻐하지 못하고, 슬픈 일이 있으면 곧바로 나락까지 떨어져 버리는 나약하고 안쓰러운 존재를 자처한다. 사람의 얼굴을 모방한 좀비가 따로 없다. 어떤 습관이 이들 스스로를 좀비처럼 만들고 있는 것일까? 아주 간단하면서도 효과적으로 인생을 망치는 세 가지 습관에 대해 이야기해 보자.

첫 번째로, 유튜브 시청이다. 대중교통을 이용한다면 주위에서 차를 기다리는 사람들이 보일 것이다. 그들이 뭘 하고 있는지 잠깐만 봐도 알겠지만, 대부분 스마트폰을 들여다보고 있다. 그렇다고 스마트폰으로 업무를 하거나, 책을 읽거나, 사랑하는 사람과 즐겁게 통화하는 것도 아니다. 100에 99는 유튜브 영상을 들여다보고 있다. 엄지손가락만 잠깐 까딱이면 수많은 재미있는 영상이 끝도 없이 계속 준비되어 있으니 멈출 수가 없다. 근 몇 년 사이엔 틱톡에서 짧은 영상을 유행시켰고, 인스타그램에서는 릴스를, 유튜브도 쇼츠라는 영상 형태를 도입했다. 짧으면 5초, 아무리 길어도 1분 아래로 끝나는 쇼츠 영상은 그야말로 사람들을 유튜브 중독, 스마트폰 중독으로 만드는 데에 커다랗게 기여했다. 덕분에 사람들은 눈알이 충혈되고, 거북목이 되고, 손목에는 질환이 생겼다. 그리고 가장 중요한 건, 사람이 사람 구실을 하게 해 주는 이 '두뇌'를 멍청하게 만든다는 게 가장 결정적이고 치명적이다.

사람의 두뇌는 아주 오래전부터 어떠한 문제가 생기면 이에 대해 고민하고 여러 시행착오를 거쳐 이 문제를 '해결'해야만 비로소 쾌감과 성취감을 맛볼 수 있게끔 설계되었다. 하물며 단순한 재미와 즐거움을 느끼기 위해서 게임을 할 때도 도구를 만들고, 규칙을 만들어 숙지하고, 함께할 사람을 구하는 일련의 '과정'을 거쳐야만 했다. 그래야 비로소 재미와 즐거움이라는 감정을 느낄 수 있었다.

그런데 스마트폰과 더불어 유튜브, 인스타그램 등이 보급된 현시대에서는 대다수 사람들이 이 손바닥만 한 스마트폰에 얼굴을 파묻고는 '재미있다.' '즐겁다.'라고 느끼고 있다. 물론 재밌고 즐겁다. 심지어 짜릿하기까지 하다. 특별히 무슨 노력을 하지 않아도 한 손으로 가볍게 올려 든 전자 기기에서 온갖 자극적이고 흥미로운 영상들이 무차별적으로 빗발치는데 어떻게 안 보고 배기겠는가. 그냥 평생 방 안에서 유튜브만 보면서 침대에 누워 있으면 좋겠다고 생각하는 사람도 수두룩하다.

그러나 명심해야 할 것은, 이렇게 늘 새롭고 자극적인 영상을 보는 것에 익숙해져 버리고 나면, 유튜브가 아닌 현실에서 얻어야 하는 다른 긍정적인 감정들을 얻는 과정이 너무나 지루하고 힘겨워진다는 것이다. 쉽게 말해 노력하기가 싫어진다. 유튜브, 인스타그램, 틱톡의 영상과 같이 손쉽게 얻을 수 있고 즉각적인 즐거움에 계속해서 노출되면, 즐거움을 얻기 위해서 일련의 노력이 필요하며, 과정을 밟아야 한다는 것을 망각하게 된다. 더불어 영상과 같은 매체는 활자와는 다르게 역동적이고 변화무쌍하여 즐거움의 강도가 매우 강력한 편인데, 사람의 두뇌는 적응하는 데에 매우 뛰어난 능력을 가지고 있기에 이런 강력한 즐거움에 금세 익숙해져 나중에는 웬만한 자극이 아니면 즐겁다는 감정을 쉽사리 느끼지 못하게 되어 있다. 즐거움의 역치가 지나치게 높아지는 것이다.

사실 계속해서 '즐거움'이라고 표현하기는 했지만, 이렇게 값싸게 얻을 수 있는 즐거움을 지금부터 '싸구려 쾌락'이라고 칭하겠다. 싸구려 쾌락을 주워 먹는 것에 익숙해진 사람들은 어떠한 성취감도, 보람도, 자아실현 욕구도, 기여감도, 진심 어린 관심도 시시하게 느껴진다. 주머니 속의 핸드폰만 꺼내서 손가락 몇 번만 까딱이면 훨씬 쉽게 재밌는 것들을 즐길 수 있는데, 굳이 힘들고 품이 많이 들어가는 일을 할 이유가 없는 것이다. 물론 사람들은 '유튜브에는 재밌는 게 많으니까 지금 이걸 봐야지!'라고 의식적으로 생각하여 유튜브를 켜는 게 아니다. 그야말로 무의식, 뇌 속 깊이까지 이러한 망가진 보상 회로가 새겨졌기에 오늘 밤도 자기 전, 깜깜한 방에서 유튜브를 켜놓고 눈이 시리도록 보다가 지쳐서 잠이 든다.

두 번째로, 음란물 시청이다. 이는 특히 남성들을 완전히 망치는 가장 나쁘고 치명적인 습관이다. 이 역시도 유튜브 시청의 연장선에 있는 행위라고 할 수 있다. 아주 쉽고, 빠르고, 원하는 만큼 얼마든지 싸구려 쾌락을 집어 먹을 수 있기 때문이다. 위와 마찬가지 원리로, 스마트폰 혹은 컴퓨터로 클릭 몇 번만 하면 수많은 성인 음란물이 쏟아진다. 해외 스트리밍 사이트부터 시작해서 P2P사이트, SNS를 통해 여러 음란물들을 너무나도 손쉽게 접할 수 있다. 싸구려 쾌락을 주워 먹고, 내일도 주워 먹고, 내일모레도 주워 먹으며 남성들은 더 이상 자신의 인생을 스스로 개척해 나갈 노력의 필요성을 느끼지 못하고 되려 퇴화한다. 이성을 만나기 위해 외모를 꾸미고, 내면을 가꾸고, 능력을 계발하는 과정을 거치고자 하지 않는다. 그들이 하는 노력이 하나 있다면, 더욱 자극적이고 더욱 동물적이며 현실에서는 절대로 있을 수 없는 비상식적인 연출을 꾸민 음란물을 찾아 인터넷을 헤매는 것에 있다. 정상적이고 건전한 감정적 쾌락을 느끼기 위해 응당 밟아야 할 과정들을 건너뛰고, 현실에는 만날 리 없는 성인물 여배우의 헐벗은 몸과, 오로지 카메라로만 볼 수 있는 적나라한 구도의 장면들을 보면서 남성들은 그야말로 도파민 폭탄을 얻어맞는다.

진짜 문제는 그 말도 안 되는 영상을 보면서 이에 대한 심각성을 눈치채지 못하고 '스트레스 해소'를 했다고 여기는 데에 있다. 음란물을 보는 순간에야 기분이 끝내주고 쾌감의 향연에 동공이 느슨해질지는 몰라도, 그 이후에 밀려오는 무기력함과 나른함은 어찌할 방도가 없다. 흔히 예전부터 있어 온 '현타(현자타임)'라 불리는 감각이 괜히 언급되는 게 아니다. 부단한 노력을 통해 힘겹게 얻어야 할 성취감을 그저 손가락만 까딱거려 훔쳐본 음란물을 통해 싸구려 쾌감으로 대체했으니, 더 이상 자아 실현과 같은 의미 있는 일을 할 의욕이 생길 리가 없다. 뇌가 도파민에 절여져 망가져 버린다.

특히, 최근 청소년기에 있는 남자 아이들은 성관계라는 행위를 성교육이나 자신의 여자 친구와의 시간에서 배우는 것이 아니라, 조그마한 네모 전자 기기 속에서 움직이는 비정상적인 연출을 보고 배우고 따라 한다. 그저 돈을 받고 팔기 위해 조작되고, 과장되고, 왜곡된 영상을 보면서 아이들은 잘못된 성 인식을 가질 수밖에 없다. 어릴 적부터 음란물을 접한 아이들은 이를 끊기가 정말로 쉽지 않다. 아니, 불가능에 가깝다. 한 번 이 싸구려 쾌락의 맛을 접한 순간, 뇌는 그 강력한 쇼크를 기억하고 시도 때도 없이 쾌락을 갈구한다. 의식이 있고 자기 통제력을 지닌 성인들도 이 음란물 중독에 빠져 허우적거리는데, 청소년들은 더더군다나 음란물 중독에 빠질 확률이 높다.

명심해야 할 것은, 뇌가 망가지면 인생이 망가진다는 것이다. 우리의 말과 행동을 결정하는 주체는 결국 머릿속에 있는 두뇌이다. 이 두뇌가 목표를 가진 상태로 현명하고 건강하게 기능한다면 가치 있는 사람이 되는 것이고, 그저 네모난 화면 속에서 헐벗은 남녀를 들여다보는 데에 골몰해 있다면, 그것은 좀비의 삶이다. 인생人生이라 불릴 수 없다.

세 번째로, 안 좋은 소식 접하기이다. 살인 사건을 보도하는 뉴스, 유튜브에서 퍼 나르는 이슈 등은 한결같이 너무나 자극적이다. 누가 누굴 죽였다더라, 유튜버 누가 바람을 펴서 지금 소송에 들어갔다더라, 어디에서는 어떤 미친놈이 누굴 끌고 가서 덮쳤다더라…… 듣기만 해도 인상이 찌푸려지고 충격적인 이 소식들은 분명 우리의 기분을 불쾌하게 만들지만, 정말 이상하게도 중독성이 있다. "에휴, 세상이 어떻게 돌아가려고……."라고 중얼거리지만 인터넷 뉴스 메인 페이지 중간에 떠 있는 이 비극적인 뉴스들은 궁금증을 자극하여 기어코 클릭하게 만든다. 이런 비극을 전달하는 매체는 비단 인터넷 기사뿐만이 아니다. TV뉴스, 신문과 더불어 수많은 SNS 채널에서 이런 소식을 퍼 나른다. 댓글 창에는 수많은 사람들이 이에 대한 제 생각과 의견, 주장, 욕설 등을 줄줄이 늘어놓는다.

이런 소식들을 접하면 우리들은 과연 어떤 좋은 영향을 받을 수 있을까? 이에 대한 답은, '어떤 좋은 영향도 받을 수 없다.'이다. 어떤 사람은 '나는 그래도 지금까지 무탈하게 지내 왔으니, 행복한 거구나.'라며 불운을 피한 것에 대한 감사함을 느낄 수도 있다. 그러나 그것도 한두 번이지, 습관처럼 뉴스를 보고, 신문을 읽고, 이슈 유튜버들이 퍼 나르는 비극들을 접하는 건 당신에게 그 어떤 긍정적인 영향도 줄 수 없다. 완벽한 시간 낭비이고, 헛수고다. 불행을 전해 듣는 일은 그저 세상은 악인과 악행으로만 가득 찬 것 같다는 비관적인 생각만 들게 할 뿐이다.

특히 더욱 주의해야 하는 것은, 주변 지인이나 가까운 사람으로부터 직접 듣는 나쁜 소식이다. 회사에서 겪은 힘들었던 일, 지하철에서 모르는 사람과 다투어 기분이 상한 일, 코인 거래를 하다가 몇 천만 원을 날려 빚더미에 올랐다는 일, 등등. 작은 일부터 시작해서 커다란 일까지, 기쁜 일이 아닌 나쁜 일을 전해 들을 때, 당신의 기분이 어땠는지 잘 돌이켜 보아라. 처음에야 유감을 표하겠지만, 나중에는 그 안 좋은 일을 겪은 당사자의 부정적 감정에 동화되어 마치 내가 그 일을 겪은 것처럼 불쾌하고 찜찜하다. 특히 공감 능력이 뛰어난 사람들은 당사자보다 더 그 상황에 이입하여 부정적인 감정을 생성해 낸다. 비극의 당사자를 동정하고 위로하는 건 좋다. 하지만 우리는 절대로 그 나쁜 에너지에 물들어서는 안 된다. 안타까운 건 안타까운 거고, 우리는 우리의 인생을 살아야 한다. 냉정하게 들릴지 모르지만, 그건 그들이 해결하고 감당해야 하는 일이다. 그들의 일을 우리의 영역 안으로 끌고 들어와서 얻을 수 있는 건 비통함과 고민스러움밖에 없다. 좋은 소식은 쉽게 잊히지만, 나쁜 소식은 그 힘이 세고 오래간다. 앞서 몇 번씩이나 말했듯 부정적인 에너지가 긍정적인 에너지보다 훨씬 강력한 영향을 미친다. 따라서 좋은 것을 취하려 노력하기보다, 좋지 못한 것을 피하는 것이 우선순위가 되어야 한다.

앞선 나쁜 습관 세 가지를 모두 이해했다면 느끼겠지만, 대부분의 문제는 이 '스마트폰'에 있다. 스마트폰 시대에 들어선 21세기의 사람들은 온 세상의 다양한 정보를 손쉽게 얻을 수 있게 되었다. 그 덕에 정보의 격차는 줄어들고, 지식을 얻는 데에 있어 모두가 평등해졌다. 이를 현명하게 이용한다면 이로운 정보들을 분별력 있게 취합하여 보다 빠르고 효과적으로 성장을 이룰 수 있지만, 반대로 분별력 없이 시간을 허비하며 쓰레기 정보들을 소비하는 데 골몰하면 성장은커녕 두뇌를 망가뜨리고 퇴화되어 좀비가 될 뿐이다. 필요한 정보와 해로운 정보를 확실히 구분 짓고, 그 정보들을 어떤 방식으로든 삶에 도움이 되게끔 현명하게 이용할 줄 알아야 한다. 당연하고 뻔한 이야기일지 몰라도, 이 '분별력'이란 힘은 현시대에서 빈부격차를 만들어 내는 데에 가장 중요하게 작용할 핵심 역량이 될 것이다.

어쩌면 우리의 뇌는 우리의 소유가 아닐지도 모른다. 끊임없이 새롭고 충격적인 자극을 원하여 그것을 가져다줘도 만족할 줄 모르고 더! 더! 더! 를 외치며 시간을 낭비하게 만든다. 이를 자각하여 뇌를 지배하고 적절하게 이용하며 다스릴 줄 알아야 주체적인 삶을 꾸릴 수 있을 것이다.

# 8 반드시 알고 이용해야 할 세 가지 물질

앞서 이 책에서 다룬 인간관계에서의 요령과 노하우, 마인드셋의 중요성, 삶의 태도 등은 만족스러운 삶을 위해 분명 알아두어야 하는 내용이다. 한데, 이 와중에 본문에서 '호르몬' '도파민' '진화 심리학'과 같은 과학적 용어를 굳이 사용한 이유는, 결국 모든 말과 행동, 생각의 원천은 우리의 '두뇌'에 있기 때문이다.

사람의 어느 기관보다도 복잡하다는 두뇌는 인간의 중추신경계의 일부로, 머릿속에 위치해 인간의 인지, 감정, 운동, 기억 등 다양한 생리적 기능을 조절하고 제어하는 역할을 한다. 그리고 이 두뇌의 역할에 매우 커다랗게 관여하는 물질이 바로 호르몬이다. 온갖 자극적인 영상과 한시도 쉴 수 없는 무한 경쟁 사회, 복잡하게 얽힌 인간관계로 인해 지쳐 버린 우리 몸과 뇌를 다시 건강하게 만들어 줄 유일한 구원자도 호르몬이다(엄밀히 말해 신경전달물질이라 부르지만, 대중적으로 익숙한 이름으로 통칭하겠다).

호르몬의 종류에는 수십 가지가 있지만, 이 책에서는 딱 세 가지 호르몬만을 소개한다. 이 친구들의 역할과 분비를 이해하고 적절히 이용한다면 인간관계에서의 불필요한 갈등을 줄이고, 건강한 마인드 셋을 가지는 데에 훨씬 더 효과적으로 도달할 수 있다. 꼭 정신과 의사나 뇌 과학 분야의 연구원만이 설명할 수 있는 복잡한 내용이 아닌, 평범한 사람도 일상생활에 쉽게 적용하여 실질적인 변화를 끌어낼 최고의 방책까지 한 가지씩 소개해 놓았으니 그저 따라 해 보기만 해도 삶을 극적으로 변화시킬 수 있을 것이다.

### 1) 도파민 Dopamine

'행복 호르몬'이라고도 불리며, 우리가 즐거움을 느끼거나 목표한 바를 달성하여 '보상'을 받았을 때 분비되는 물질이다. 도파민이 부족하면 우울증, 집중력 감소, 피로감 증가 등의 문제가 발생할 수 있고, 심한 경우 파킨슨병과 같은 신경 질환의 원인이 될 수도 있다. 그러니 앞선 내용에서 언급했듯, 일련의 노력이나 과정 없이 그저 자극적인 영상에 노출되어 도파민 분비 체계가 망가진 사람들은 반드시 이 물질에 대해 이해하고 개선해야 한다.

가장 효과적인 개선 방안으로는, '목표'를 세우고 달성하는 것이다. 아주 조그만 것이라도 괜찮다. 주말 아침에 방 청소 깔끔하게 마치기. 점심시간에 10분간 산책 다녀오기. 출근길 지하철에서 평소 궁금했던 책 딱 열 페이지만 읽기…… 뭐든 좋다. 이렇게 간단한 목표를 수립하고 이루는 과정을 겪다가, 서서히 목표의 크기와 난이도를 키워나가면 된다. 스마트폰에 엄지손가락만 몇 번 놀리면 얻을 수 있는 싸구려 쾌락이 아닌, 시간과 에너지를 쓰는 '과정'을 겪어야만 달성할 수 있는 목표를 달성한 끝에 분비되는 도파민은 아주 값지고 건강한 물질로서 당신의 삶을 근본적으로 바꿀 게임 체인저다.

## 2) 세로토닌Serotonin

세로토닌은 우리의 기분을 조절하는 데 아주 중요한 역할을 하는 물질이다. 세로토닌이 충분히 분비되어야 기분을 평온하게 유지할 수 있고, 피로감, 흥미 소실, 무기력 등의 증상을 쉽게 이겨 낼 수 있다. 더불어 적절한 세로토닌 수준은 자기 존중감을 높이고 긍정적인 자아 이미지를 형성하는 데 도움을 준다. 반대로 세로토닌이 부족하면 우울증, 불안장애, 불면증, 식욕 문제 등이 발생할 수 있다.

사실, 앞서 언급한 대부분 내용들은 이 세로토닌과 깊은 연관이 있다. 말을 부드럽게 하고, 상대방과 불필요한 마찰을 줄이고, 자존감을 관리하는 등의 팁들은 이 세로토닌 수준이 높을 때 실천 가능한 것들이다. 내 기분이 땅바닥을 치고, 말 한 마디도 하기 싫은 우울한 상태라면 갖가지 요령과 노하우는 아무 의미가 없다. 근본적으로 세로토닌 수준을 높여 감정 상태를 개선해야만 한다.

가장 좋은 방법은 바로 운동이다. 앞서 '자존감 높은 사람 특징 세 가지' 글에서도 이야기했지만, 운동이 주는 효과는 실로 어마어마하다. 외형의 변화는 물론, 체력을 높여 주며 도파민은 물론 세로토닌과 그 외 수십 가지 호르몬의 분비를 돕는다. 운동의 종류는 상관없다. 웨이트, 테니스, 수영, 배드민턴, 크로스핏, 러닝, 사이클…… 뭐든 좋으니 주 3회 이상, 1회 20분 이상의 운동량을 확보해 두길 추천한다. 물론 운동을 일평생 등한시하던 이라면 시작이 어려울 수 있다. 그렇다면 운동인들이 모여 있는 커뮤니티나 모임에 들어가는 것도 아주 좋은 방법이다. 본래 무언가를 시작하고 꾸준히 유지하려면, 동행자를 두는 것만큼 좋은 방법은 없다. 집단에 소속되어 활력 있는 사람들과 어울리다 보면 운동에 흥미를 붙이고 습관으로 만드는 일이 훨씬 쉽다.

이미 많은 이들이 운동을 시작한 덕에 삶이 완전히 달라졌다고 간증하고 있다. 특히 여성들의 경우 운동을 등한시하는 경우가 많은데, 달에 한 번 있는 생리통 완화와 스트레스 감소에 매우 큰 도움이 되니 속는 셈 치고 주 1회, 20분이라도 운동을 시작해 보자.

### 3) 멜라토닌Melatonin

멜라토닌은 우리의 체내 시계를 조절하고 수면을 조절하는데 중요한 역할을 한다. 멜라토닌이 부족하면 수면의 질과 양을 감소시킬 수 있으며, 불면증과 같은 수면 장애를 유발할 수 있다.

삼당사락三當四落이라는 용어가 있을 만큼 우리나라는 잠에 특히 가혹하다. 하지만 '일의 효율성'에 대해 이야기하는 수많은 뇌 과학자와 위인들은 하나같이 잠의 중요성을 강조한다. 사람이 잠을 자야 하는 이유는 단순한 피로 회복뿐만이 아니다. 수면 동안 두뇌는 낮 동안의 활동으로 인해 생긴 노폐물을 처리한다. 또한, 수면 중에는 깨어 있을 때 학습한 내용을 정리하고, 기억해야 할 것들을 차곡차곡 정리하여 깨어난 뒤에 처리해야 할 일을 준비한다. 더불어 수면은 심장 건강, 체중 관리, 면역 체계 강화, 성장 호르몬 분비 증가 등 신체의 건강 유지 전반에 큰 영향을 미치며, 흥분되었거나 가라앉은 감정 상태를 안정시킨다. 참 많이도 써 놓은 것처럼, 잠을 잘 자야 사람 구실을 할 수 있다. 그러니 어떻게 보면 그 어떤 호르몬보다도 멜라토닌이 가장 중요하다고 볼 수 있다.

그렇다면 이 멜라토닌이 적절하게 분비되게 하려면 어떤 방법이 있을까. 잠자기 한두 시간 전에는 어두운 환경을 만드는 것, 규칙적인 운동, 카페인 섭취 줄이기, 건강한 식사 등 여러 방법이 있다. 하지만 가장 극적인 효과를 주는 방법은 바로 '잠

자기 30분 전 스마트폰 내려놓기'다. 앞선 주제 중 '나를 망치는 건 아주 사소한 습관이었다'에서 언급한 바 있듯, 유튜브, 인스타, 틱톡 등의 시청은 너무도 재밌고 짜릿하여 온종일이라도 하고 싶다. 그러나 정말 딱 잠자기 30분 전 만큼은 이를 멈춰야 한다. 아무리 방을 어둡게 만들어 놓고, 운동을 하고, 카페인을 줄이고, 건강한 식사를 해도, 자기 직전에 침대에 누워서 청색광이 잔뜩 뿜어져 나오는 스마트폰을 들여다보고 있으면 오던 잠도 달아난다. 대부분 이런 마법 같은 경험을 해 본 적 있을 것이다. 이는 멜라토닌 분비가 스마트폰의 청색광으로 인해 급격히 줄어들었기에 벌어지는 일이다. 다른 게 다 어렵고 힘들다면, 잠들기 30분 전에 스마트폰을 머리맡에 놔두는 게 아닌 방 한구석에 놔두고 자는 습관만이라도 만들어 보자. 꿀잠을 자고 나서 맞이하는 다음 날을 꼭 한 번 맛보길 바란다.

두뇌와 호르몬의 중요성은 아무리 강조해도 지나치지 않다. 온갖 자극적인 영상과 하루에도 수십 번씩 반복되는 비교와 경쟁 사이에서 우리의 뇌는 이미 지칠 대로 지쳐 있다. 그래서 오히려 더 자극적인 영상을 찾고, 더 높은 위치에 서기 위해 밤잠을 줄이는 악순환을 맞이한다. 때문에 현대인들의 뇌는 정상적인 상태이기가 무척 힘든 환경이다. 하여 마지막으로 한 가지 이야기하자면, 정신적으로 힘들다면 너무 많이 고민하지 말고 정신건강의학과를 방문하길 추천한다. 꼭 가서 처방을 받지 않더라도, 몇 가지 간단한 검사와 심리상담을 통해 자신의 정신건강이 괜찮은지 객관적인 지표를 통해 알 수 있다. 부끄럽게 생각할 것도 없고, 두려워할 것도 없다. 이미 망가질 대로 망가진 뒤에야 병원을 찾는 것보다 '예방'이 가장 좋은 방법이니까.

# 마치며

이 챕터는 책을 끝까지 읽은 독자분들에게 바치는 마지막 선물입니다. 긴말을 드리지는 않을 겁니다. 다만, 삶의 의미나 가치, 그리고 방향에 대해서 고민이 많은 저 같은 분들에게 조금이나마 힘이 되고 싶어 구태여 이 챕터를 마련하게 되었습니다. 사람은 왜 사는지, 어떤 삶이 가치 있는 삶인지, 어떻게 살아야 만족스러운 삶일지는 사실 사람마다 모두 다르기에 정답이 없다고 보는 게 적절해 보입니다. 하지만, 적어도 대부분의 사람들이 만족스러운 삶을 살기 위해 알아야 할 요령과 노하우, 방법들은 존재합니다. 그 방법에 관해 소개해 놓은 게 이 책이고요.

사실, 다른 건 다 필요 없습니다. 앞에서 제가 무어라 지껄인 여러 말들이 와닿지도 않고, 어설프다 싶으시다면, 그냥 딱 하나만 실천해 보시면 좋을 것 같습니다.

"감정에 장악당하지 마십시오."

앞선 프롤로그에도 소개해 놓았듯이, 저는 우울증이라는 정신 질환으로 인생의 절반 이상을 방 안에서 괴로워하며 살았습니다. 그 오랜 독백과 고뇌 사이에서 깨달은 게 있다면, 사람은 철저하게 감정적인 동물이라는 겁니다. 내가 감정이 좋으면 라면에 공깃밥만 먹어도 만족스럽고, 내가 감정이 나쁘면 5성급 호텔에서 사랑하는 사람과 스테이크를 썰어도 불행합니다. 결국, 모든 건 '감정'입니다. 그래서 앞선 챕터에서 긍정적인 마음이 중요하다, 자존감을 신경 쓰지 마라, 운동을 해서 호르몬을 잘 나오게 해라…… 이런 말들을 적어 놓은 것이기도 합니다.

항상 감정을 차분하고 평온하게 유지하려 노력해 보십시오. 그러면 이 세상에서 90%의 사람들과 차별점을 가질 수 있고, 사람들과의 불필요한 갈등에서 자유로워질 수 있으며, 가족과 친구, 연인 사이가 마법처럼 풀리는 신기한 현상을 마주하게 될 것입니다. 감정에 휘둘리는 습관이 있다면 꼭 한번 고쳐 보고, 변화하려 노력해 보십시오.

"인간사에는 안정된 것이 하나도 없음을 기억하라. 그러므로 성공에 들뜨거나 역경에 지나치게 의기소침하지 마라."

제가 한 말은 아니고, 고대 그리스 철학자였던 소크라테스가 남긴 말입니다. 일희일비하지 말라는 말을 잘 표현해 놓은 것 같습니다. 기쁜 일이 있건, 슬픈 일이 있건, 모두 일시적인 현상이고 다 지나가게 됩니다. 그러니 너무 들뜨거나 좌절하기보다, 그저 '문제가 생기면 해결'하는 데만 초점을 맞춰 보십시오.

다른 건 다 잊어버리셔도 좋습니다. 이 책을 읽으신 여러분들 중 단 한 명이라도 이 사실을 알아 가셔서 효과를 보셨다면, 저는 그걸로 충분합니다.

자, 이제 제가 하고 싶은 모든 말은 끝났습니다. 그러면 이제부터, 여러분들이 하고 싶은 말을 이 세상에 당당하게 외쳐 보시죠. 저처럼 평범했던 사람도 결국 지금처럼 만족스럽게 살고 있는데, 여러분들은 당연히도 더 잘할 수 있지 않겠습니까!

완전히 변화해 봅시다. 저는 오랫동안 채우지 못했지만, 여러분은 이 빈칸을 채우실 수 있으리라 믿습니다.


이 세상에서 단 한 사람만이
나를 바꿀 수 있다.

그 사람의 이름은 _____ 이다.

# 죽이고 다시 태어나라

멍청이들 사이에서 살아남는 유일한 방법

1판 1쇄 펴낸날 2024년 2월 20일

지은이 　　이민규
책만듦이 　김미정
책꾸밈이 　서승연

펴낸곳 채륜 펴낸이 서채윤
신고 2007년 6월 25일(제2009-11호)
주소 서울시 광진구 자양로 214, 2층(구의동)
대표전화 1811.1488 팩스 02.6442.9442
book@chaeryun.com　www.chaeryun.com

책값은 뒤표지에 있습니다.
ISBN 979-11-90131-17-9 03190